Caridade:
Amor e Perversão

Alexandre Cumino
e Rodrigo Queiroz

Caridade: Amor e Perversão

MADRAS®

© 2021, Madras Editora Ltda.

Editor:
Wagner Veneziani Costa (*in memoriam*)

Produção:
Equipe Técnica Madras

Revisão:
Ana Paula Luccisano
Silvia Massimini Felix
Neuza Rosa

Texto da 4ª Capa:
Júlia Pereira

Capa:
Daniel Marques

Dados Internacionais de Catalogação na Publicação (CIP)
(Câmara Brasileira do Livro, SP, Brasil)

Cumino, Alexandre
Caridade: amor e perversão/Alexandre Cumino e Rodrigo Queiroz. – 2. ed. – São Paulo: Madras Editora, 2021.
ISBN: 978-85-370-1071-6

1. Espiritualidade 2. Umbanda (Culto) I. Queiroz, Rodrigo. II. Título.

17-05156   CDD-299.60981

Índices para catálogo sistemático:
1. Umbanda: Religiões afro-brasileiras 299.60981

É proibida a reprodução total ou parcial desta obra, de qualquer forma ou por qualquer meio eletrônico, mecânico, inclusive por meio de processos xerográficos, incluindo ainda o uso da internet, sem a permissão expressa da Madras Editora, na pessoa de seu editor (Lei nº 9.610, de 19/2/1998).

Todos os direitos desta edição reservados pela

MADRAS EDITORA LTDA.
Rua Paulo Gonçalves, 88 – Santana
CEP: 02403-020 – São Paulo/SP
Caixa Postal: 12183 – CEP: 02013-970
Tel.: (11) 2281-5555 – 📞 (11) 98128-7754
www.madras.com.br

Dedicamos este livro à **Casa do Zezinho**, que é "um espaço de oportunidades de desenvolvimento para crianças e jovens que vivem em situações de alta vulnerabilidade social".

Há exatos 23 anos **Dagmar Rivieri**, a Tia Dag, idealizou, projetou e concretizou este sonho, a Casa do Zezinho. "Há 23 anos levando educação, afeto, alimentação e desenvolvimento humano na região do Capão Redondo, Zona Sul de São Paulo."

Até **2016**, a Casa do Zezinho amparava **1.300 crianças da região**; em **2017**, por conta da crise em que mergulharam alguns parceiros deste projeto, Tia Dag deixou de receber cerca de 600 dessas crianças e hoje ampara **650 crianças**.

Esperamos que de alguma forma a gente consiga mostrar, apontar e divulgar o **AMOR** que motiva tudo isso, e que essa expressão real da **CARIDADE**, realizada pela Casa do Zezinho, toque e alcance milhares de outros parceiros que buscam projetos de **AMOR** e **VERDADE** para dar seu apoio.

E como palavras sem ação são completamente vazias, estamos doando o direito autoral desta edição para a Casa do Zezinho, que é apenas uma forma de apoiar quem realmente está fazendo a diferença na vida dessas crianças.

Conheça a Casa do Zezinho e se torne você também um apoiador:

www.casadozezinho.org.br

ÍNDICE

Prefácio 13

Palavras Iniciais 17

Capítulo 1. Introdução 19
    Etimologia e caridade 19
    Pai Alexandre Cumino – 001 19
    Reflexão sobre a Bíblia 21
    Origem e contexto 25
    Amor e caridade na Bíblia 28

Capítulo 2. Do Amor Divino à Moeda de Troca 37
    "Fora da Igreja não há salvação" 40
    Caridade de Kardec e a Umbanda 40

Capítulo 3. Perversão 45
    Pai Rodrigo Queiroz – 001 45

Caridade e indulgência 49

Pai Alexandre Cumino – 002 49

Valores do Cristo 54

Religião e Espiritualidade 56

Capítulo 4. Estado Ágape de Consciência 63

Pai Rodrigo Queiroz – 002 63

A virtude não espera recompensa 71

Pai Alexandre Cumino – 003 71

Amor-próprio e amar a si mesmo 75

Pai Rodrigo Queiroz – 003 75

Pai Alexandre Cumino – 004 76

Amar o outro é um compartilhar 79

Pai Rodrigo Queiroz – 004 79

Capítulo 5 – A Caridade na Umbanda 83

Pai Alexandre Cumino – 005 83

Caridade é o estado de graça 88

Pai Rodrigo Queiroz – 005 88

Pai Alexandre Cumino 91

Pai Rodrigo Queiroz 91

Ser solidário não é ser caridoso 92

Pai Alexandre Cumino – 006 92

Viver a caridade é sofrer? 96

Índice

Pai Rodrigo Queiroz..97
Pai Alexandre Cumino 97
Pai Rodrigo Queiroz – 006......................................98
Pai Alexandre Cumino 99
Pai Rodrigo Queiroz..99

Umbanda é:

A Manifestação do Espírito,

para a Prática do Amor Divino.

Prefácio

Honra é a palavra para descrever o que senti ao receber o convite para prefaciar este livro dos dois mestres que tenho o prazer de ter em minha convivência. Acompanhei a feitura do que será exposto nas próximas páginas e nesse processo, a todo momento, uma questão fundamental fervia em minha mente.

Quero trazer a atenção do leitor a um contexto histórico negligenciado por muitos. Na Umbanda, a reflexão é intrínseca à fé. O estudo da religião sempre fez parte da Umbanda. Quem acha que pensar nossa ritualística, nossa liturgia, nossa fé, nossa cosmovisão é algo novo, engana-se redondamente.

Zélio Fernandino de Moraes, fundador de nossa religião, mantinha regularmente sessões de estudo na Tenda Nossa Senhora da Piedade. O Caboclo das Sete Encruzilhadas era trazido em terra para palestrar. A Umbanda, em sua imanência, desde seu nascimento, urgia por pensar a si mesma.

Em seu desabrochar, essa necessidade parece insurgir, dando lugar a um senso comum que se cria onde a desinformação, a ignorância e "segredos ocultos" são postos como exigência para se fazer Umbanda. Seu começo promissor parece ter se perdido ao longo do tempo. Como diz Nietzsche, o filósofo alemão, muitos homens turvam suas águas para que pareçam profundas. Mas são rasas como um pires. Estão sujas de mentiras mal contadas, de fundamentos que não fundamentam, de códigos secretos que não abrem mistério algum. Estão sujas de vontade de dominação, de vontade de manipulação, de vontade de controle.

A beleza está aqui: o que é imanente não pode ser estancado, é uma fonte que brota de forma incessante. Novamente, na Umbanda a reflexão é intrínseca à fé! A Umbanda ainda urge por pensar a si mesma, essa força continuará pulsando enquanto houver Umbanda!

É preciso ter clareza de que o conhecimento não é algo fechado, fixo, imutável; tampouco uma pedra bruta a ser lapidada para que, quando pronta, possa ser exposta na prateleira da vaidade. O saber é uma eterna descoberta, uma porta que se abre para revelar outras mil à espera de novas chaves. É um poço profundo, um mergulho no infinito. Um poço de águas cristalinas, profundas na grandeza de sua simplicidade.

O conteúdo aqui apresentado nos impulsiona a criar novos conhecimentos. Porém, alerto que nesse começo de era talvez o mais importante mesmo seja desconstruir nossos dogmas, ilusões, alicerces. Purificar-nos de vícios comportamentais para que então possamos entrar em ressonância com essa força imanente que urge de nossa religião por pensar a si mesma.

Axé! Pedro Belluomini

Palavras Iniciais

Faz tempo que o tema CARIDADE é motivo de perturbadora inquietação em mim. Incomoda-me a constatação da perversão no uso do conceito e do "fazer" caridade, especialmente na Umbanda ou mesmo nas religiões que alicerçam sua "missão" ou legitimidade social no ato de caridade.

Observamos que a noção de Caridade está muito além do seu sentido original, o Ágape – Amor Divino, e se confunde cada vez mais caridade com solidariedade, humanismo e bondade social. Em especial no ambiente religioso é potencialmente problemático quando o estímulo para a caridade está empregada na ação solidária com a promessa de uma recompensa.

Acredita-se evoluir, ganhar passagem para o Paraíso, garantir a boa aventurança ou coisas do tipo e, com isso, ocorre toda sorte de manipulação e criações fantasiosas para a vida religiosa.

Esta minha angústia é compartilhada e somada às mesmas percepções de meu irmão, amigo e também sacerdote Alexandre Cumino. Foi numa tarde de terça-feira, ao final de uma bateria de gravações da Jornada Teológica de Umbanda para a plataforma Umbanda EAD, que registramos nossa conversa filosófica dando origem a esta obra.

O objetivo é colocar um pouco de luz e senso crítico neste assunto, particularmente para os religiosos que se deixam levar pelo engodo do discurso manipulador.

Propomos senso crítico e liberdade de pensamento quando o assunto for visão de mundo numa ótica Umbandista.

Boa leitura,

Rodrigo Queiroz

Capítulo 1

Introdução

Etimologia de caridade
Pai Alexandre Cumino – 001*:

Caridade é uma palavra desgastada, que perdeu seu sentido real, e essa é a razão principal deste diálogo sobre **caridade**. Estamos aqui para buscar origem e sentido do que deveria ser caridade, demonstrando que na maior parte do tempo a palavra "**caridade**" é usada de forma errada. A consequência do uso errado de uma palavra tão empregada e tão importante para cristãos, espíritas e umbandistas é seu desgaste de sentido, bem como da ação desencontrada de uma raiz original e real. A consequência é que todos pensam saber o que é **caridade**, enquanto

---

* Esta numeração marca a ordem de um dia logo entre Alexandre Cumino e Rodrigo Queiroz que dá origem a este livro.

apenas repetem o uso e o sentido errado da palavra, tanto quanto sua ação de "**caridade**".

Isso quer dizer que todos falam de "**caridade**", todos dizem fazer "**caridade**", todo mundo quer "**caridade**", mas ninguém sabe o que é **CARIDADE**. Somos arrogantes e prepotentes com relação a esse e outros conceitos, não admitimos o "não sei", que é fundamental para novos aprendizados e aprofundamento, assim como não sabemos "esvaziar o copo"[1] para que possamos receber novos saberes.

Essa reflexão é fundamental, pois **A CARIDADE** está na base do **Cristianismo**, do **Espiritismo** e da **Umbanda**, exatamente nessa ordem, porque a Umbanda se inspira tanto no Cristianismo católico quanto no Espiritismo cristão para pensar sua "caridade".

A palavra "**caridade**" tem o sentido de amor divino e humano, amor ao próximo, prática do bem, benevolência, compaixão e doação de qualquer tipo, como por exemplo a esmola. A origem dessa palavra vem do latim

---

1. "Esvaziar o copo" é uma expressão que faz referência a um conto zen-budista, no qual um professor de Filosofia foi buscar conhecimento com um velho mestre zen e, ao chegar lá, o professor não parava de falar, falar e falar. Então o mestre lhe oferece chá e enche, enche e enche a xícara até transbordar e derramar. O professor se assusta com a atitude, pergunta o porquê daquilo e o mestre explica que somos como aquela xícara de chá, se não nos esvaziarmos antes não é possível receber novos conteúdos. E o mais comum são pessoas que andam por aí com a xícara cheia de conceitos e preconceitos totalmente fechados ao novo e se arvorando ao encontro do outro, sempre transbordando e derramando seu conteúdo, sem nada receber. Isso equivale ao ditado que diz "temos duas orelhas e uma boca, para ouvir mais e falar menos", e o fato é que todos querem falar, mas poucos querem ouvir.

"**caritas**" como sentimento de afeto, amor incondicional e generosidade; esta tem origem no grego "**chàris**" que quer dizer graça, a mesma origem de "**caro**", aquilo que lhe custa "caro" em valor.

Independentemente da origem da palavra e do sentido raiz ou sentido popular, o conceito de **caridade** amplamente utilizado no mundo ocidental se torna uma "coisa" cristã presente na Bíblia, em que a palavra caridade ao lado da palavra amor passam a ser possíveis traduções de Ágape grego e Ahava hebraico. Ao chegar a esse ponto de interpretação do que vem a ser caridade, é impossível entender profundamente, sem o mínimo de estudo e interpretação do que é a Bíblia. Por essa razão, convido a todos para acompanhar uma pequena introdução sobre o assunto Bíblia.

Reflexão sobre a Bíblia

Todos têm a oportunidade de ler a Bíblia, todos têm a oportunidade de estudá-la, no entanto muitos decoram e repetem a Bíblia sem interpretá-la, sem contextualizar. Muitos dizem: "**A Bíblia é a palavra de Deus, Deus não erra, logo a Bíblia não erra**"; estes são fundamentalistas, aqueles que leem de forma literal e ignoram o contexto, a época, como, quando, onde, por que e para quem os textos bíblicos foram escritos. Usam a palavra literal da Bíblia para agredir e atacar a si mesmos e aos outros. O mais curioso é que fundamentalistas, em sua maioria, amam e adoram a Bíblia, decoram suas passagens como se fossem verdades absolutas e ao mesmo tempo ignoram o que é a Bíblia de fato.

A Bíblia é um conjunto de livros escritos em épocas diferentes para povos e culturas distintos; em sua maioria as razões de ser de muitos textos não existem mais, nos dias de hoje ficam completamente fora de contexto. Fundamentalistas tomam a Bíblia como se fosse um livro de história, interpretam mitos como se fossem fatos, a exemplo de Adão e Eva no Paraíso ou de Noé e sua Arca; pior ainda, fazem tudo isso com base na leitura de uma tradução em português, ignoram a língua original e as diversas possibilidades de traduzir e interpretar.

Entre esses fundamentalistas estão líderes autointitulados "**pastores**", "**bispos**" e outros "**sacerdotes do livro**" totalmente duros, pragmáticos, inflexíveis, dogmáticos e alguns ignorantes do que venha a ser exegese[2] e hermenêutica[3] alguns dos diversos textos bíblicos.

Os mais sábios rabinos, mestres judeus, registraram no Talmude a seguinte reflexão: "**Aquele que traduz o versículo literalmente desvirtua o texto, mas aquele que acrescenta algo de si mesmo é um blasfemador**". O mesmo conceito se dá para sacerdotes católicos, que têm o conhecimento da linguagem, antiguidade e contexto

---

2. Exegese, do grego "trazer para fora", é o estudo aprofundado do texto bíblico, levando em conta seu contexto mais amplo, como origem, época, intenção, linguagem, tradução, etc.
3. Hermenêutica, hermético, o que está fechado ou oculto, é um ramo da Filosofia que estuda a teoria e a arte da interpretação.

bíblicos. Alguns textos como o Gênesis,[4] por exemplo, foram escritos mil anos antes do Novo Testamento, são mundos completamente diferentes; pense que para nós basta pegar o português antigo ou mesmo o português de Portugal e já não entendemos nada, muitas palavras precisam de explicação, o mesmo se dá com os textos bíblicos e suas traduções e interpretações. Sem um estudo e uma intepretação, o texto bíblico se torna perigoso; o próprio São Tomás de Aquino afirmou: "**tenho medo do homem de um livro só**". São Paulo diz: "**Nossa capacidade vem de Deus. Ele é que nos fez aptos para ser ministros da Nova Aliança, não a da letra, e sim a do Espírito. Porque a letra mata, mas o Espírito vivifica**". A letra mata, e podemos dizer mais ainda: que a letra é morta se não for interpretada, contextualizada, entendida em sua raiz e profundidade. A letra é viva quando contextualizada por exegese, hermenêutica e interpretação à luz da razão, das ciências humanas, da espiritualidade universal e do mundo atual e contemporâneo. A letra viva ou a **"Bíblia Viva"** deve ser lida, **interpretada e reinterpretada constantemente a fim de ser filtrada e aprendida por todos.**

Vamos relembrar que o **Velho Testamento** é Judaísmo e o **Novo Testamento** é Cristianismo. No Velho Testamento ou na **Bíblia Hebraica**, os textos mais antigos, como **Gênesis** e **Êxodo**, datam de cerca de 1.000 a 800 a.C. Em 589 a.C., **Jerusalém** é destruída pelos babilônicos que

---

4. Gênesis é composto de dois textos (Javista e Eloísta), que originalmente têm mais de 3 mil anos.

falam aramaico e os hebreus são exilados, presos e escravizados na **Babilônia**; décadas depois são libertos pelos persas a mando de **Ciro, o Grande Imperador persa**. Só após esse período é que se começa a organizar a Bíblia Hebraica, que se conhece como o Velho Testamento. A versão final da **Torá**, o **Pentateuco**, se dá em torno de **389 a.C.** sob a liderança de **Esdras**; muitos textos finais de **Levíticos** e **Deuteronômio** foram escritos e reescritos ali, e nessa época se começa a organizar o Judaísmo como religião, tal qual se conhece. Em torno de **200 a.C.**, fica pronta uma **Bíblia Hebraica** escrita em hebraico e aramaico e conhecida como **Tanakh**[5] ou **Mikra** (Leitura), versão que será adotada pelos protestantes. Nessa mesma época o **Rei do Egito** em **Alexandria**, **Ptolomeu Segundo**, ordena a tradução completa da **Bíblia Hebraica** para o grego; essa tradução se torna conhecida como **Septuaginta**, pelo fato de ser realizada por **72 sábios judeus**. A Septuaginta é a versão adotada pelo Catolicismo e é a que será traduzida para o latim como a **Vulgata**, nas mãos de **São Jerônimo, em torno de 380 d.C.**

No Novo Testamento, sabemos que Cristo não escreveu nada e muito menos seus discípulos diretos, na maioria homens simples e pescadores, que não sabiam ler nem escrever. Quem escreve o **Evangelho de Mateus, Marcos, Lucas** e **João** são seus discípulos, muitas décadas

---

5. Tanakh vem das abreviação de Torá (a Lei, Pentateuco), Neviim (Profetas) e Ketuvim (Escritos).

depois de suas mortes. Apenas algumas cartas, como as **Cartas de São Paulo**, foram escritas por ele mesmo, por se tratar de um grande erudito, o primeiro teólogo e intelectual cristão e quem vai moldar todo o pensamento cristão para o futuro.

Agora pense nisto: Jesus fala aramaico, que é uma língua popular dos judeus depois do exílio babilônico; a língua antiga ortodoxa e sagrada para os judeus é o hebraico, romanos falam latim e todo o mundo ocidental, depois da conquista de **Alexandre**, o **Grande**, fala o grego como segunda língua o que é algo como o inglês nos dias de hoje. Jesus falava hebraico, aramaico e grego; o mesmo se dava com Paulo. O Novo Testamento tem passagem diversas, escritas por várias pessoas nessas três línguas diferentes. Cerca de 300 anos depois de Cristo, o Cristianismo, sob ordens do Imperador Constantino, passa a ser a religião oficial de Roma, e logo depois um grande intelectual, historiador, professor e teólogo, **São Jerônimo**, traduz a Septuaginta (Velho Testamento) e todos os textos do Novo Testamento para o latim, formando um único livro em uma língua una, a língua sagrada para os romanos; assim surge a Bíblia católica oficial em latim, conhecida como a **Vulgata**.

Origem e contexto

Mas o que tudo isso tem a ver com caridade? É para entendermos que não existe estudo em profundidade sem o MERGULHO no contexto. O conhecimento anterior é o mínimo necessário para começar a falar de qualquer coisa que possa estar ou vir da Bíblia.

Devemos contextualizar para não falar bobagem, ou falar o mínimo de bobagem possível. Ao demonstrar os conceitos religiosos e buscar sua origem, devemos ter noção e consciência de que **não existe purismo religioso,** ou seja, **não existe "religião pura".** Em religião, tudo e todas são sincretismos, o que não é portanto uma exclusividade da Umbanda. **Abraão,** que vem de uma cultura sumeriana, é considerado o pai de todas as três grandes, miscigenadas e plurais religiões monoteístas ocidentais, a saber: **Judaísmo, Cristianismo** e **Islamismo,** nesta ordem. Isso já bastaria para entender que não há religião pura, mas vamos enfatizar lembrando que **Moisés** era um semita, descendente de Abraão, criado como egípcio, lapidado por Jetro em Midiã, e que volta para resgatar seu povo quando ainda não existia Judaísmo. **Jesus** era um **judeu** com ideias revolucionárias e **Paulo,** embora judeu, era cidadão romano, de uma rica família judia de Tarso,[6] província romana. Esse judeu romano, que nunca conviveu com Jesus, foi quem primeiro estruturou o pensamento teológico cristão da futura Igreja Católica, uma igreja romana e, claro, sincrética como todas as outras. É Paulo quem fornece um modelo de comportamento e moral cristã para as novas igrejas e pequenas comunidades que se

---

6. Ficava na Cilícia romana, atual Turquia.

formam em torno destas. E seu projeto de comunidade cristã aparece em suas cartas, nas quais amor e salvação ganham um certo destaque. Paulo diz quem vai possuir o Reino de Deus ou não[7].

O mesmo se dá com a mensagem dos **espíritos** por meio da obra de **Allan Kardec**; o tempo todo estão se utilizando de valores e conceitos **cristãos**, **católicos** e **gregos**, claro, buscando aliá-los com a ciência ou mais especificamente com o **positivismo** de **Augusto Comte**, o **Iluminismo** e a **Revolução Francesa**, em resumo: olhar o mundo pelos olhos da ciência, entender que a ciência no futuro terá respostas para tudo o que as religiões não puderam responder, com suas mitologias ou teologias. Mesmo dando voz aos espíritos, para expressarem suas ideias de forma direta, Allan Kardec também está preso no mesmo contexto de ideias e palavras desgastadas, a mensagem dos espíritos não é uniforme. "Caridade" é uma preocupação constante em sua obra, quase uma obsessão, e as abordagens são diversas, desencontradas, superficiais e apegadas ao conceito de comportamento moral caridoso, como veremos mais adiante.

Uma das grandes motivações para escrever este livro e dialogar sobre isso são esses inúmeros "**caridosos**" que nos procuram do alto de sua superficialidade, inertes, dizendo que querem fazer a "**caridade**" ou mesmo afirmando que já fazem muita "**caridade**".

---

7. 1 Coríntios, 6:9.

A pergunta que não quer calar é "caridade" do quê? Qual "caridade"? Que caridade é possível em meio a tanta superficialidade, inconsciência e desconhecimento do que realmente seja "A CARIDADE"?

Amor e caridade na Bíblia

Para além desta pequena introdução sobre a importância do contexto, de um estudo contextualizado, dando início a nosso diálogo, vamos definir caridade e pontuar seu uso nesse universo tão cristão, em que "**caridade**" será sinônimo de "**Cristianismo**", logo são reflexões e inquietações muito cristãs, tanto quanto é cristã essa nossa sociedade, hipócrita em seus valores.

A palavra **CARIDADE** aparece na Bíblia como tradução e sinônimo de **ÁGAPE**, que aparece como tradução e sinônimo de **AHAVA**. **ÁGAPE** é uma das três principais palavras gregas para definir **AMOR**. **AHAVA** é uma das três palavras hebraicas para definir **AMOR**.

Para os gregos, existe:

EROS, o amor romântico, afetivo, de relacionamento íntimo.

FILOS, o amor fraterno, de irmão e de amigo.

ÁGAPE, o amor divino e sublime, puro em virtude e o único que nunca espera recompensa.

A palavra "Ágape", como substantivo ou verbo, aparece cerca de 320 vezes no Novo Testamento, foi utilizada na Septuaginta (grego) como tradução de "Ahava", amor. Também é citada diversas vezes no Velho Testamento ou Bíblia Hebraica. Na *Vulgata* (latim) é traduzido como "amore" ou "caritas", dependendo de qual versículo se trata. De tradução em tradução, vai se perdendo o sentido original das palavras, versículos, textos e dos diversos livros que compõem a Bíblia. Para os judeus, a leitura, tradução e interpretação da Bíblia Hebraica faz parte de uma cultura rabínica conhecida e estabelecida desde sempre.

Poderíamos parar por aqui se existisse apenas a Bíblia grega ou se Jesus fosse grego, no entanto Jesus é judeu e em sua língua raiz, o hebraico, também há três palavras mais usuais para o amor:

No hebraico temos Dod, Raya e Ahava.

Dod é uma forma de amor físico e sexual que se aproxima muito do **Eros** grego.

Raya é a forma de amor que se utiliza para um amigo ou companheiro, que se aproxima de **Filos** grego.

Ahava é a forma de amor mais sublime como o **Ágape** grego.

O **AHAVA** bíblico muitas vezes se emprega para definir o amor de um ser humano por outro. Aparece no amor de Pai e Filho, como no de Abraão e Isaque (Gn, 22:2); Israel e José (Gn, 37:3); ou de um escravo por seu senhor (Ex, 21:8). Finalmente, é a palavra utilizada em *Levítico* na frase que se tornará o mandamento maior na boca de Jesus: "**amarás ao teu próximo como a ti mesmo**" (Lv, 19:18). **Essa é a chave para entender que AHAVA é ÁGAPE, e que essa é a qualidade de AMOR a que Jesus se refere.**

Isso é muito forte; quando perguntam a **JESUS** qual o maior mandamento, **ele** responde: "ÁGAPE a Deus com todo o seu coração, toda a sua alma e toda a sua mente. Esse é o primeiro e maior de todos os mandamentos. E o segundo é ÁGAPE ao próximo como a si mesmo. Toda a lei e os profetas residem nesses dois mandamentos".[8]

Jesus dominava os três idiomas (aramaico, hebraico e grego) e usava a interpretação do sentido das palavras como fonte de ensino e aprendizado. Ele jogava com a diferença entre Ágape e Filos (ou Ahava e Raya), e só é possível saber disso quando temos uma fonte que indique quando ele usa a palavra Ágape e quando utiliza a palavra Filos. Veja o que quero dizer em João, 21:15-18; **Jesus pergunta a Pedro** se este O ama usando a palavra ágape e Pedro responde: "tu sabes que te amo" usando a palavra filos, ou seja:

---
8. Mateus, 22:37-41.

Jesus pergunta: **Pedro, você me "ágape"? Tem amor divino por mim?**

Pedro responde: **Jesus, você sabe que eu te "Filos". Tenho amor de irmão por você.**

Jesus pergunta a segunda vez: **Pedro, você me "ágape"? Tem amor divino por mim?**

Pedro responde segunda vez: **Jesus, você sabe que eu te "Filos". Tenho amor de irmão por você.**

Jesus pergunta a terceira vez: **Pedro, você me "ágape"? Tem amor divino por mim?**

Pedro fica chateado por Jesus perguntar três vezes a mesma coisa e então, finalmente, ele responde: **Jesus, você sabe que eu te "Ágape". Tenho amor divino por você.**

Jesus, ao perguntar três vezes, está mostrando a Pedro e a todos qual qualidade de amor se deve ter entre eles, e não é o amor filos de irmão e sim o amor ágape divino. Nas traduções não aparece esse detalhe, surge apenas a palavra amor tanto para ágape quanto para filos, e quem lê fica sem entender o que está acontecendo ali. Esse é só um exemplo da importância que Jesus dá ao qualificar o amor como Ágape e a diferença deste para Filos. **Talvez buscando fazer diferença, alguns tradutores acreditaram que a palavra "Caridade" seria mais adequada para substituir Ágape, e daí em diante os desencontros de conceito e a perdição do que vem a ser** caridade se tornaram uma perversão do que deveria ser amor ágape e ahava.

São Paulo, seguindo os passos de Jesus, também utilizará e muito a palavra ágape e, da mesma forma, será traduzida por uns como "amor" e por outros como "caridade". E, por ironia, lembramos a afirmação do próprio Paulo de que "**a letra mata, mas o espírito vivifica**",[9] sim, a letra e palavra matam o sentido, e aqui repito que a palavra sem interpretação é morta. Entre as cartas de Paulo, um dos poucos textos bíblicos realmente autorais, escrito por ele mesmo, temos em uma pequena passagem, versículo 13, da Primeira Carta de Paulo aos Coríntios, um verdadeiro hino ao amor, lido e relido por todos, cantado, declamado e orado. Triste é que se perca o sentido original e, por isso, convido-o a reler com a palavra ágape no lugar do que se tem usado como "amor" ou "caridade", e veja se ganha ou não um novo sentido, uma nova cor e significado:

1. *Ainda que eu falasse a língua dos homens e dos anjos, se eu não tiver ÁGAPE, seria como o bronze que soa ou como o sino que retine.*
2. *E ainda que tivesse o dom da profecia, e conhecesse todos os mistérios e toda a ciência, e ainda que tivesse toda a fé, a ponto de transportar montanhas, se não tivesse ÁGAPE, eu nada seria.*

---

9. 2 Coríntios, 3:6.

3. *E ainda que distribuísse todos os meus bens aos pobres, e ainda que entregasse meu corpo para ser queimado, se não tivesse ÁGAPE, de nada valeria.*

4. *ÁGAPE é paciente, ÁGAPE é bondoso, ÁGAPE é prestativo, ÁGAPE é benigno; não tem inveja, não é orgulhoso, não é arrogante, não é leviano, não se ensoberbece, não se ostenta.*

5. *Não é escandaloso, não é inconveniente e não se porta com indecência; não busca seu próprio interesse, não se irrita, não guarda rancor.*

6. *Não se alegra com a injustiça, mas se rejubila, regozija, com a verdade.*

7. *Tudo desculpa (perdoa, sofre), tudo crê, tudo espera, tudo suporta.*

8. *ÁGAPE jamais acaba, nunca passará; as profecias desaparecerão; o dom das línguas cessará; a ciência, também desaparecerá.*

9. *Pois nosso conhecimento é limitado, e limitada é nossa profecia.*

10. *Mas, quando vier a perfeição, o que é limitado desaparecerá.*

11. *Quando eu era criança, sentia como criança, pensava como criança, raciocinava como criança, falava como criança; depois que me tornei adulto, amadureci e, com maturidade, desapareceu o que era infantil.*

12. Agora vemos tudo como um espelho opaco, confuso e por enigma; mas depois veremos face a face; hoje conheço em parte, sou limitado, mas então, depois, conhecerei totalmente, como também sou conhecido.

13. Agora, portanto, permanecem a fé, a esperança e ÁGAPE, essas três coisas. Porém, no entanto, a maior das três é ÁGAPE.

Nas diversas traduções da Bíblia que temos disponíveis, temos apenas "amor" ou "caridade". Quando você lê caridade compara com o que acha que seja "caridade", quando lê amor compara com o que acha que seja "amor", e em nenhum caso alcança algo tão especial que é AHAVA ou ÁGAPE, o AMOR-ÁGAPE, esse amor divino, puro, virtuoso, despretensioso e tão generoso.

Se olhar o versículo inteiro encontrará outras dificuldades e confusões; por exemplo, no versículo 7 algumas traduções dizem que "**amor tudo sofre**" enquanto outras colocam "**tudo perdoa**", porém sofrer e perdoar são coisas bem diferentes. O amor não é "**escandaloso**", uma interpretação usada para moldar o comportamento da ovelha, quieta e resignada. O amor não é "**indecente**", que carrega um peso moral no qual "**indecente**" passa a ser um xingamento a quem merece o inferno. Aqui criança não tem a conotação de pureza como na fala de Jesus, em que o Reino dos Céus pertence às crianças, mas se refere a um comportamento infantilizado para com a vida. Na época não haviam espelhos como são os nossos, a imagem no espelho era sempre opaca e imperfeita, por isso que aparece aqui dessa forma como sinônimo de enigma, confuso e opaco. E por fim fala de três coisas: **Fé**, **Esperança** e **ÁGAPE**. Elas são consideradas virtudes teologais, dadas por Deus, e são a base de virtudes da Igreja Católica, em que ÁGAPE é o que há de maior e mais importante.

Capítulo 2

Do Amor Divino
à Moeda de Troca

Para pensar mais a fundo o peso da "salvação" na história do Cristianismo, da humanidade ocidental, e sua relação com a "caridade", convido a todos para uma viagem no tempo: vamos lá para a Idade das Trevas medievais, onde temos a Igreja da Indulgência. O que é indulgência? Indulgência é o perdão de seus pecados, e isso era tão grave que a Igreja chegou a vender a indulgência antes de o pecado ser cometido, ou seja, vendia o direito de pecar, dos crimes mais leves aos mais hediondos, em que cada pecado tinha seu preço para a santa reconstrução de Roma, toda adornada em ouro ao custo de Inquisição, Cruzadas, indulgência e muito, muito sangue escorrido, no qual o maior pecado só poderia ser dela, da "viúva de Cristo", a Igreja. Igreja amarga, dura, intransigente, intolerante e cruel ao extremo.

Foi nesse contexto de Igreja dura, amarga, intransigente, intolerante e cruel que foi forjado um sacerdote católico que se revoltou contra tudo isso, que protestou: **Martinho Lutero**, o Protestante, que lutou contra tudo e fundou na Alemanha a Igreja Protestante, Luterana, a Igreja que dá ao fiel (leigo) o direito de ler e interpretar a Bíblia, com o amparo da imprensa de **Gutenberg**, agora reimprimindo às centenas o livro mais importante do mundo cristão ocidental. Com o protesto pela monetização do perdão, entre outras coisas, Lutero cria o conceito "evangélico", ele é o Pai de todos os evangélicos, o que será outra ironia do destino com relação à atual Teologia Evangélica da prosperidade. Com isso também nasce a livre interpretação, as diversas traduções e as leituras fundamentalistas e ao pé da letra, sem estudo de contexto, exegese, fundamental para um entendimento adequado. Surgem novas igrejas de sacerdotes, pastores e até bispos autoeleitos que nunca estudaram a fundo o livro que é base para sua Igreja, apenas decoram e interpretam sem mergulhar na origem e sentido do que está ali.

Para a Igreja Católica permanece o conceito de que "é mais fácil o camelo passar pelo buraco da agulha do que o rico ir ao céu".[10] Essas palavras são colocadas na boca de Jesus, em um contexto em que ele orienta um rapaz abastado a seguir os mandamentos, o rapaz responde que já os seguia e pergunta o que mais deveria fazer, então Jesus completa: "**vai, vende o que possuis**

---

10. Mateus, 19:24.

e dá aos pobres, e terás um tesouro nos céus. Depois, vem e segue-me".[11] Esse rapaz, ouvindo essas palavras saiu pesaroso, pois possuía muitos bens. Essa orientação era um modelo e método adotado por Jesus como condição a quem quisesse ser seu discípulo. Lembrando que seus primeiros discípulos (**Pedro, André, Tiago e João**) eram pescadores e Jesus os convida a largar tudo para segui-lo.[12] O mesmo se repete a caminho de Jerusalém; ao dizer "segue-me" para um rapaz, este pede permissão para antes ir enterrar seu pai, Jesus responde: "**Deixa que os mortos enterrem seus mortos**"; outro pede para se despedir da família e Jesus afirma: "**Quem põe a mão no arado e olha para trás não é apto para o Reino de Deus**".[13] Abandonar tudo não é uma doutrina e sim uma condição para se tornar seu discípulo, é nesse contexto que se encaixa o camelo e o buraco da agulha, no qual o "rico" é aquele que não aceita abandonar seus bens e, ainda assim, gostaria de ser seu discípulo. **O problema não é ser "rico", e sim ser apegado, o que é muito diferente**.

Já a Igreja, como instituição, encontra em passagens como as anteriores a lógica e o argumento para que todos os ricos deem tudo que for possível a ela, "garantindo um tesouro nos céus", e claro, se der mais à Igreja, maior será seu tesouro nos céus, e esta é sua "caridade", sua garantia e salvação.

---

11. Mateus, 19:21; Marcos, 10:21.
12. Mateus, 4:18-22.
13. Mateus, 8:19-22.

"Fora da Igreja não há salvação"

Qual é a costura ou a trama que liga tudo isso a nós? Em torno de 1850, surge um homem chamado **Allan Kardec**, codificador do **ESPIRITISMO**, e ele está furioso contra a Igreja. Você não irá encontrar em nenhuma literatura escrito que Kardec está furioso, você somente saberá disso se ler toda a sua obra, contextualizar a época e se transportar para ver que ele está indignado porque a Igreja está dizendo que: "**Fora da Igreja não há salvação**", e a fúria faz com que ele crie a frase que é uma marca para esse homem e sua filosofia: "**Fora da caridade não há salvação**". E, de alguma forma, essa fala faz com que a "caridade" venha a ser a nova moeda de indulgência para a salvação, será o ingresso para o céu ou algum lugar bom depois desta vida, no mundo espiritual. Em alguns momentos a "caridade" está associada ao "amor", em outros não.

Caridade de Kardec e a Umbanda

O Espiritismo não deveria ter céu nem inferno, de fato não tem como isso acontecer no modelo teológico católico; no entanto, muitos espíritos enviam mensagens falando sobre o céu e a inquietação com salvação se torna igual a uma preocupação com o inferno. O espírita, que já chega com cabeça de católico, também está comprando um lugar no novo céu, um terreno no

"Nosso Lar", assim como muitos umbandistas compram seu terreno na "Aruanda".

Na linha do tempo, em 1908, surge uma nova religião chamada Umbanda, seu fundador **Zélio de Moraes** e o **Caboclo das Sete Encruzilhadas** anunciam trazê-la e a definem: "**Umbanda é a manifestação do espírito para a prática da caridade**".

O Caboclo das Sete Encruzilhadas revela que em uma de suas encarnações foi o Frei Gabriel de Malagrida, queimado na Santa Inquisição, portanto um sacerdote católico perseguido e que passou por grande injustiça. Em vida, Gabriel de Malagrida era um grande estudioso, intelectual e homem de fé e amor. Com certeza a palavra "**caridade**" na boca do Caboclo das Sete Encruzilhadas tem o sentido de Ágape e Amor. Ele expressa a Umbanda, em seu início, como uma forma de "Espiritismo de Umbanda", no qual se inspirar na obra de Kardec lhe parece algo natural. Então, se Kardec diz que "**fora da caridade não há salvação**", para Zélio de Moraes todo o discurso de Kardec é muito importante. Zélio adota a obra de Kardec como leitura indicada para seus médiuns, lembrando que no início de sua caminhada a obra de Kardec era o único recurso literário para entender os espíritos, sua manifestação e a mediunidade. Zélio não era espírita e com certeza só foi ler e conhecer a obra de Kardec depois de já anunciada sua nova religião. E outra certeza é o impacto que teve a obra de Kardec para Zélio de Moraes, sua obra e sua família.

Tive a honra de conhecer sua filha Zélia de Moraes, já aos 96 anos de idade, e ela se dizia espírita, umbandista, claro, mas espírita. A caridade de Zélio também era o ágape de Jesus, de Paulo e de Gabriel de Malagrida, e isso fica claro não apenas por se tratar do fundador da Umbanda, mas também por fatos que marcam sua vida; podemos citar que Zélio costumava levar para sua própria residência pessoas que encontrava na rua. Dona Zilmeia costumava contar que muitas vezes ela e sua irmã Zélia tinham de ceder seu próprio quarto para moradores de rua que Zélio trazia para cuidar dentro de casa. **Isso é "CARIDADE", no sentido mais forte do AMOR, ÁGAPE e AHAVA.**

As palavras se desgastam, o tempo muda e o contexto também, e com o **Concílio Vaticano II (1962-1965)** a Igreja mudou um de seus dogmas mais importantes. Se antes ela dizia que "**Fora da Igreja não existe salvação**", agora a Igreja assumiu que "**Deus é maior que a Igreja**", reconhecendo que existe salvação além da Igreja, existe salvação nas outras Igrejas. Partindo desse princípio, deu-se início ao ecumenismo como diálogo e encontro da Igreja com os demais. Com o Concílio Vaticano II, Ecumenismo e o reconhecimento de que há salvação além da Igreja, toda a discussão de Kardec com a Igreja perde o sentido, assim como se perde o que motivou Kardec a afirmar que "Fora da caridade não há salvação". E é essa "caridade" de Kardec, fruto da discussão e diálogo com a Igreja, que vai chegar à Umbanda, por meio da afirmação de que: "Umbanda é a manifestação do espírito para a prática da caridade". Essa afirmação é perfeita, não pretendo fazer modificações ou alterações, mesmo porque não se altera o que já foi, mas se interpretação e contextualização são fundamentais para entender a Bíblia, por exemplo, o mesmo se dá com a obra de Kardec. No caso da Umbanda, mesmo que não exista uma Bíblia umbandista, ainda assim uma simples afirmação como esta de Zélio ou do Caboclo das Sete Encruzilhadas deve ser contextualizada da mesma forma. O resultado seria entender que caridade na boca de Zélio ou do Caboclo é sinônimo de AMOR (ÁGAPE e AHAVA), e aí sim poderíamos reinterpretar, dizendo que:

"Umbanda é a Manifestação do Espírito para a Prática do Amor Divino."

Hoje a frase do Caboclo das Sete Encruzilhadas, dita por Zélio de Moraes e muitas vezes repetida por muitos umbandistas como "A manifestação do espírito para a prática da caridade", é **uma garantia de que o trabalho mediúnico não será cobrado, a manifestação dos espíritos na Umbanda para a prática de consulta e atendimento não deve ser cobrada**. "Dar de graça o que de graça recebemos" é outra frase de Jesus que ganha importância com Allan Kardec e que endossa a importância da "caridade". Se e quando o foco estiver no AMOR DIVINO, tudo ficará muito mais claro que o atual foco na "caridade", afinal AMOR DIVINO não precisa ser explicado, o AMOR DIVINO não se compra nem se vende, muito menos se troca e nada espera de recompensa, assim como bem explica Paulo aos Coríntios. Em Paulo aos Coríntios, Kardec traduziu amor como caridade,[14] talvez na esperança de definir o que era a sua caridade, mas como bem sabemos a grande maioria dos espíritas não leu a obra de Kardec, assim como a maioria dos católicos não leu a Bíblia, muito menos estudou ou contextualizou.

A palavra "caridade" está caminhando de uma religião para outra, de uma cultura para outra, e vem carregando peso e se desgastando. Ela foi usada, mastigada, deglutida, ruminada e cuspida de uma para a outra. Em um processo repetitivo, desgastante e cansativo ainda hoje mesmo, aqui do meu lado, alguém ainda vai lá, pega outra vez a palavra e diz: "Olha, eu tenho a chave da Aruanda, a 'caridade'". Isso é perverso e deturpado, ruminar, cuspir e depois dar para o outro comer como se fosse fina iguaria, o lixo de sua cultura religiosa ou espiritual.

---

14. *O Evangelho Segundo o Espiritismo*, cap. XV, "Necessidade da Caridade Segundo São Paulo".

Capítulo 3

Perversão

Pai Rodrigo Queiroz – 001

A perversão significa, no sentido técnico, "distorção", portanto aqui é o uso equivocado da palavra, do sentido e da ação. Porque Paulo cria o conceito, a ideia da caridade, dentro da religião como a forma legítima de viver o ensinamento do Cristo e garantir assim o acesso ao Paraíso.

No entanto, a caridade está efetivamente acontecendo na ação em si, a motivação é o bem-estar do próximo, você se felicita com a felicidade do outro. Não há um interesse, é tão honesto o amor que você contribui para a felicidade do outro.

Não há nenhuma troca, nenhuma expectativa também. Portanto, do amor ou da caridade real não há expectativa nem trará também uma frustração. E como foi dito pelo Pai Alexandre Cumino, que deixou muito pronto tudo isso, essa reflexão, a Igreja sistematicamente reinventa o sentido da caridade. Paulo diz que para salvar, para ir para o paraíso, para o céu, morar do lado de Deus, é preciso amar. Ele não deu a receita, já a Igreja como sistema, como instituição e com seus interesses dará uma ressignificação, criará uma cartilha do que vem a ser a caridade para "salvar".

Encaixam-se nesse discurso a prática do desapego, a entrega dos bens para a Igreja como um desdobramento da ação "caritativa" pelo bem da missão católica... E hoje, por exemplo, há muito disso, ordens, grupos sociais que se organizam, ocorrendo nos grupos dos abastados – um título – e eles farão uma ação social, criam creches, isso e aquilo, todo mundo dá um quinhão, e esse quinhão irá para uma instituição social.

Não necessariamente o indivíduo se envolve com isso, se interessa, mas somente por ter depositado na conta ele fica com a consciência de que é caridoso.

E se eu tenho essa consciência de que sou caridoso, tranquilizo o anseio de minha alma que é morrer em paz e ir para o céu. **Isso é perversão, a caridade como moeda de troca, como a indulgência, como foi pontuado anteriormente.** Então, talvez o ponto aqui mais crucial seja a indulgência sendo reinventada.

O sentido da palavra e da ação de caridade é distorcido no processo de manipulação da Igreja. Podemos dizer em uma perspectiva mística que Paulo, em suas meditações, alcança um desdobramento de consciência e entende que, para você ser um indivíduo pleno, com sua realidade, há de ser amoroso como uma manifestação natural de si pelo outro.

Essa é a expansão de consciência de Paulo, mas a distorção que fizeram da palavra mudará todo o sentido, e é provável que cada vez mais continuem dando novos significados para a caridade de acordo com os próprios interesses. **E aí veremos que a caridade vira uma nova face da indulgência**, como foi colocado na timeline da humanidade, da religião.

Acho importante pontuar que, para as religiões orientais, caridade não é um assunto.[15] As religiões japonesas não possuem um olhar para a caridade, que é algo também muito específico das regiões onde o Cristianismo ou o valor cristão está. O Ocidente é que terá a dominação católica, portanto vulto do Cristo; é importante separar católico do Cristo, e aí o vulto do Cristo, que seriam as coisas do Cristo, seus valores.

Para o Espiritismo o assunto caridade é muito caro. O Brasil é uma nação, e por mais que seja o maior país católico, é um católico místico, um católico espiritualista, para ser mais exato. Esses milhares de católicos pelo Brasil vivem hoje em dia nessa época em que estamos escrevendo este livro, muito das crenças no Espiritismo são um encontro mesmo de valores.

---

15. O que temos é compaixão, para o Budismo, que quer dizer "sentir junto" o que o outro sente, também é uma forma de Amar.

O espírita também vive muito das ideias católicas, e é por isso que é um passo contínuo dizer para o espírita que para ele evoluir precisa ser caridoso. **Porque a salvação não deveria ser objeto do Espiritismo, mas sim evoluir, a busca da ascensão do espírito.** Então, muda o termo, mas o objetivo é o mesmo. Se para um o objetivo é ir para o céu e se salvar dos pecados, para o outro também continua sendo, pois a ideia é que o lado luminoso da existência é no alto, um elevador vertical.

Então, quero ir para o céu também, ir para "Nosso Lar", como foi dito, quero ir para uma colônia luminosa.

Se Paulo em sua expansão de consciência canaliza isso, mesmo a partir dele já não é. Concorda com isso? Porque então sempre vai virar moeda de troca. Se há indulgência no momento atual, continua o Espiritismo agindo mascaradamente como indulgência, porque quando vou lá e participo de uma ação social, sou voluntário naquele asilo, naquela creche, naquela casa da sopa, na praça do hot dog, faço muita caridade, sou muito caridoso porque estou evoluindo ou me salvando.

Não faço a caridade para o outro, faço para evoluir e me salvar. O fato é que se deve ser bom para evoluir, como se fosse possível mensurar a evolução, sistematizar como evoluir; como se fosse possível criar regras para ser salvo. Então, nada está sendo compreendido do que vem a ser a caridade, ágape, como anseio pessoal de se felicitar pela felicidade do outro.

Na Umbanda é mais caótico porque ela é um pouco católica e um pouco espírita, então fica a manifestação do espírito para a obra da caridade para evoluir e ir para o céu, Aruanda, ou seja lá o nome que queira dar. Mas continua na mesma, pois aí veremos no ambiente de terreiro, no ambiente da Umbanda, ainda imperar o discurso de que: **"Vou no Terreiro para fazer a caridade"**, mais que isso, **"Vou no Terreiro porque tenho uma missão com meus Guias, os Guias que são meus, e eles precisam fazer a caridade. 'Tão bom que sou', vou para o Terreiro para eles fazerem caridade, porque sou muito bom demais da conta, eles precisam de mim para evoluírem"**. Continua sendo perversamente uma motivação horrorosa.

Caridade e Indulgência
Pai Alexandre Cumino – 002

Cabe uma historinha aqui. Acredito que todo mundo em algum momento na vida parou para assistir a uma Igreja eletrônica. Igreja eletrônica é quando o pastor está na televisão. Aquilo é chamado de Igreja eletrônica e pastor eletrônico. Mesmo que ele tenha uma Igreja e um público físicos, ele tem uma Igreja eletrônica, que é aquele canal de televisão em que milhares de pessoas participam por meio da tela. As pessoas têm a comodidade de não ter de ir à Igreja física, mas elas estão lá, pois estão como telespectadoras e, inclusive, se não der para ela ir não tem problema, o importante é que ela pegue um envelope, coloque seu dízimo e poste no correio ou deposite em alguma conta. Essa é uma realidade, um fato; se é bom ou mau, válido ou não, certo ou errado, pouco importa, cada um que valide e dê ou não valor a suas próprias ações e ao seu universo particular.

Então, estava eu como milhares de pessoas assistindo a uma dessas pregações e o pastor, uma das referências da atualidade em um seguimento mais tradicional de Igreja, dizia assim, com todas estas palavras:

"Vou contar a vocês uma historinha sobre o dízimo. Havia uma senhora muito rica, milionária e já debilitada em casa, ela tinha uma empregada, uma auxiliar do lar e cuidadora, que trabalhava lá para ela, ajudando-a, fazendo todas as coisas para ela, cuidando dela e da casa. A senhora já uma idosa e sua cuidadora, também com idade avançada, morreu antes dela. Algum tempo depois, a senhora também morre e é recebida nas portas do céu por São Pedro, e este muito receptivo a convida para conhecer as localidades. Junto a ele, ela foi passando por diferentes bairros no céu. Assim como na Terra, ela observa bairros mais nobres e outros menos, São Pedro diz que vai levá-la para rever uma velha conhecida. Chegando a um bairro bem abastado, em uma grande mansão, ela se vê diante da velha cuidadora, agora senhora daquela mansão. Ela fica muito contente e pensa: 'Nossa, se minha antiga cuidadora está nessa mansão, imagine eu então'.

São Pedro diz que, agora, vai lhe mostrar sua casa, e ali do bairro nobre vão caminhando a um bairro bem simples, até chegar a algo como uma periferia do céu, e diante de um velho casebre de madeira informa que ela vai morar ali.

Visivelmente inconformada e revoltada, a velha senhora questiona que justiça ou qual psicologia é esta no céu: 'quem é rico na Terra é pobre no céu e quem era pobre na Terra se torna rico no céu, é isso?'. **São Pedro responde que não é isso, não é assim que funciona, e lhe explica que sua serva e empregada, embora tivesse poucos recursos, do pouco que tinha, ela dava uma boa parte para a Igreja.** *Enquanto a senhora dava para a Igreja apenas uma pequena parte que não lhe fazia falta; em valor do dinheiro na Terra a senhora dava mais que a empregada, no entanto não representava um sacrifício nem uma oferta grande comparada com o patrimônio que a senhora tinha na Terra.* **Embora desse mais dinheiro que a empregada, percentualmente, dava muito menos e isso explica a situação das duas no céu".**

Está feito o discurso moderno da indulgência antiga da Igreja, o dízimo. O dízimo é 10%, se a Igreja diz que 10% é o ideal então esse é o mínimo, ou seja, é o salário mínimo da construção da nova morada da vida depois da morte. Mas ainda há possibilidade de você construir algo maior para depois dessa vida se você for além dos 10%, e o peso não é a quantidade de zeros, mas a porcentagem do que você dá em relação ao que tem ou recebe como salário.

Podemos ver exatamente o mesmo discurso na obra de Kardec com relação à caridade, como podemos ler a seguir:

Dois homens acabavam de morrer. Deus havia dito: "Enquanto esses dois homens viverem, serão postas as suas boas ações em um saco para cada um, e quando morrerem, esses sacos serão pesados". Quando ambos chegaram à sua última hora, Deus mandou que lhe levassem os dois sacos. Um estava cheio, volumoso, estufado, e retinia o metal dentro dele. O outro era tão pequeno e fino que se viam através do pano as poucas moedas que continha. Cada um dos homens reconheceu o que lhe pertencia: "Eis o meu", disse o primeiro, "eu o conheço; fui rico e distribui bastante!" O outro: "Eis o meu. Fui sempre pobre, ah! Não tinha quase nada para distribuir". Mas, veio a surpresa: postos na balança, o maior tornou-se leve e o pequeno se fez pesado, tanto que elevou muito o outro prato da balança. Então, Deus disse ao rico: "Deste muito, é verdade, mas o fizeste por ostentação, e para ver teu nome figurando em todos os templos do orgulho. Além disso, ao dar, não te privaste de nada. Passa à esquerda e fica satisfeito, por te ser contada a esmola como alguma coisa". Depois, disse ao pobre: "Deste bem pouco, meu amigo, mas cada uma das moedas que estão na balança representou uma privação para ti. Se não distribuíste a esmola, fizeste a caridade, e o melhor é que a fizeste naturalmente, sem te preocupares de que a levassem à tua conta. Foste indulgente; não julgaste teu semelhante; pelo contrário, encontraste desculpas para todas as suas ações. Passa à direita, e vai receber tua recompensa".

Tanto na versão evangélica quanto na versão espírita, o mérito está relacionado à privação e ao sacrifício, relacionados ao tamanho da "oferta" que será a moeda de salvação. Seja uma oferta à igreja ou aos pobres, o que vale é o tamanho do sacrifício. E assim, colocando o foco na salvação de si por meio do sacrifício e da privação de si mesmo, pouco sobra com relação ao AMOR ao outro. O foco da salvação é sempre centrado no umbigo de quem quer se salvar, então como chamar de caridade real ou divina, na qualidade de amor, se o foco está no medo da perdição? E não importa se é evangélico ou espírita, vemos o mesmo objetivo.

Estamos falando de comprar um lugar no céu. Afinal, quem construiu o céu católico que será o modelo cristão? A construção teológica católica do Céu e de toda a base de valores e dogmas se dá principalmente por meio de **Santo Agostinho e São Tomás de Aquino.**

Santo Agostinho, para criar sua teologia católica cristã, vai se inspirar na obra de Platão, filósofo grego de três séculos antes de Cristo e discípulo de Sócrates. Platão afirmava que existe um mundo ideal, o mundo das ideias, no qual todo esse nosso mundo é uma cópia imperfeita daquele que é um mundo ideal. Também falava acerca da eternidade do espírito ou alma e de vida após a morte, assim como de reencarnação.

O mundo das ideias de Platão é o céu de Santo Agostinho e será a idealização de Céu para a Igreja Católica. O cristão está comprando espaço nesse lugar que foi teologicamente construído e a pergunta é: e Cristo, o que será que pensava sobre isso? Se nossa jornada está passando pela caridade da Igreja, o que será que Cristo pensa? Porque Cristo não pregou a caridade para entrar no céu, e ele nem fala de céu, mas de algo chamado Reino. Ele diz: "Meu Reino não é desse mundo", no entanto, em muitas passagens ele deixa claro que o Reino está dentro de você.

Valores do Cristo

Jesus era judeu e o Judaísmo não tem uma ideia formulada acerca do que acontece depois da morte. Pontualmente, o Judaísmo não prega que existe um céu para onde vão os bons e um inferno para onde vão os maus.

Então, o que Jesus, como judeu, poderia pensar sobre essa relação entre caridade e salvação?

Quando ele diz: "**Atire a primeira pedra quem não tem pecado**", não está pedindo para a pessoa ser caridosa, não pediu para ninguém ser caridoso com a adúltera. Ele só pediu para ser ético.

Ele não pediu que ajudassem a adúltera, para fazerem caridade a ela. "Não atire pedra porque isso é contrário à caridade" ele não falou isso, nem estava pensando em algo assim.

Quem vai começar a pensar sobre a caridade em um aspecto mais moral? São Paulo, porque está extremamente preocupado com a ação social, com a comunidade, com a pólis e a política, com a moral, enquanto Cristo estava preocupado apenas com a ética e a verdade em sua mensagem.

A moral de Cristo nasce com o desdobramento da ética, e a ética em Cristo nasce por meio de uma experiência mística com o amor. Cristo é um místico, ele não é sacerdote nem poderia ser, porque não é da tribo de Levi, Jesus era da tribo de Judá. Ele não é alguém do Templo, ele é da periferia, é um homem do povo e que fala a língua do povo. Para os judeus ele é um Rabi (Mestre), para os muçulmanos, é um profeta e não foi crucificado.[16] Um profeta é alguém que tem uma experiência mística com Deus, um contato direto com a divindade ou com o que é sagrado, como um xamã, um profeta fala coisas do espírito, traz respostas para a comunidade. Quem faz isso? Um místico. Jesus é místico, é alguém que tem um encontro com o sagrado, um encontro com Deus, o que também pode ser considerado mediunidade.

Quando ele tem esse encontro com Deus, é tão grande e forte que não cabe na formatação da religião judaica tradicional, não cabe na caixinha. Jesus não é tradicional e muito menos ortodoxo, vindo da periferia, de fora do sistema sacerdotal e templário de Jerusalém, ele tem muita liberdade de pensamento e ação. Por meio da experiência mística, **Jesus arrebenta a "caixa" do Judaísmo tradicional**, chegando a ir contra o que era considerado Lei. Dessa experiência mística, de um contato direto com o sagrado, nasce uma nova filosofia do sagrado dentro do Judaísmo, e Jesus fala de dentro dessa experiência, como a voz de uma espiritualidade muito pura e honesta, direta como é uma verdade.

---

16. O Islã crê que outro homem foi crucificado no lugar de Jesus.

Religião e Espiritualidade

Os discípulos não tiveram a mesma experiência mística que Jesus, então eles falam a partir das anotações acerca da palavra de Jesus, a espiritualidade pura vai se organizando em religião com regras morais e de conduta que se justificam no sacrifício de Jesus e na vida eterna no Reino. Nas palavras de Paulo que se repetem nas cartas, ele convida os novos cristãos para IMITAR CRISTO, e essa é a chave entre religião e espiritualidade pura. É Paulo quem "vira a chave" de espiritualidade mística para uma religião moral. **O religioso imita alguém, segue seus passos e se pauta por regras escritas de moral e conduta** que vão garantir a salvação ou algo de bom depois da morte que valha o sacrifício, dedicação e uma vida "bitolada". **O místico nunca imita ninguém, ele sempre descobre a si mesmo com o sagrado e a divindade em si**, tudo ao mesmo tempo, tudo é um, o centro (UM) se une à periferia (BANDA) em uma unidade em que não há mais centro ou periferia, na qual se pode dizer: "**Eu e o Pai somos Um**". Se você não pode sentir, ter olhos de ver, ir além de si mesmo na experiência com o transcendente, então não pode decidir nada por si mesmo, não pode avaliar por si só o que é bom ou não na eternidade, em Deus, no sagrado ou no transcendente que você não pode experimentar por si, então copie e siga as regras morais. Essa é a tática de todos os grandes grupos religiosos, essa técnica já nasce a partir dos primeiros discípulos para preservar a imagem, a obra e as palavras de seus mestres. Apenas algumas tradições místicas por excelência, como o Zen-Budismo, conseguem quebrar imagem, palavras e obra, embora sempre haverá discípulos e ego em todos os lugares.

Depois de criadas as instituições como tradições da palavra, imagem, obra e ritual, são criados meios de impedir a experiência mística, xamânica ou mediúnica para que homens e mulheres não tenham um contato direto com o sagrado, o que dispensa todas as regras, sacerdotes, estrutura, doutrina e tradições. Afinal, ao encontrar o divino de forma direta, encontramos a essência do sagrado que é una para todas as tradições, nos desapegamos da forma e de qualquer preocupação com relação à tradição.

Quando uma experiência mística se torna doutrina e vira religião, temos uma nova "caixa". Podemos dizer que Cristo arrebenta a "caixa" do Judaísmo, mas que a partir disso nasce uma nova "caixa", do Cristianismo. Arrebentar a "caixa" é uma experiência mística, e isso não cabe em papel, muito menos em um livro. Isso se dá em todas as tradições, Abraão arrebenta uma "caixa" sumeriana, seus descendentes criam o pensamento israelita (tribal); Moisés arrebenta muitas caixas semitas e egípcias, e seu povo cria o Judaísmo; Sidarta Gautama, o Buda, arrebentou uma caixa hinduísta (hinduísmo tradicional) e os discípulos criaram o Budismo; Mahavira também arrebentou essa caixa hindu e foi criado o Jainismo; São Francisco de Assis quebra a caixa católica e pede ao Papa para continuar dentro da caixa após arrebentá-la; Allan

Kardec arrebenta uma caixa cristã e por não ser um místico ele mesmo constrói uma caixa espírita com seu código; Zélio arrebenta uma caixa espírita e vemos os umbandistas, constantemente, tentando criar uma nova caixa para a Umbanda. Inclusive dou aqui testemunho de "minha culpa", pois por muito tempo eu também quis uma nova "caixa" para a Umbanda. Só o tempo e a maturidade podem mostrar certas coisas, e mesmo a espiritualidade não nos censura pelo fato de que tudo tem seu tempo de maturação, cada grupo vive sua realidade particular e tem seus propósitos ligados aos que lhe são afins.

Assim é em todas as religiões e filosofias, sempre há um místico que vai além do comum, e depois seus discípulos, simples mortais, organizam o conhecimento, postulados, códigos, dogmas, e escrevem tudo em textos agora tornados sagrados, com rótulo, caixa, etiqueta, moldura e lata.

Nesse ponto, não importa a ética e sim a moral de seguir o livro, as regras, os bons costumes, copiar, imitar e, claro, a base de tudo sempre é parecer bom, ter uma boa imagem, bons costumes e usar a "caridade" como ferramenta para isso. Essa nova moral, que já não é mais a ética, é regra para conviver e ser uma pessoa boa aos olhos principalmente dos outros, e isso é a base do motivo de a "caridade" que não é CARIDADE (ágape) se tornar tão importante. Porque a obra social é de fundamental importância na sociedade, obra hipócrita para uma sociedade hipócrita.

Dentro dessa sociedade, o mais caridoso é o mais importante, mais exaltado e elevado. Você não pode ser mais caridoso do que o outro se não tiver recursos, a não ser que você seja o mais sacrificado. Então, ou você é o que tem mais recursos ou é aquele que se sacrifica mais, mas em nenhum dos casos é uma pessoa necessariamente realizada. Muito diferente de Jesus, muito diferente do que está nas entrelinhas da vida de um místico. **O que Jesus fazia não era para ir para o céu, porque inclusive ele afirma: "Eu e o Pai somos um"**. Se eu e o Pai somos um, ele não quer ir para nenhum lugar, pelo contrário. A partir do momento em que ele e o pai são um, não há mais local para ir ou destino a se alcançar, em qualquer lugar que ele for o céu está com ele, tudo está aqui, tudo está em você.

Jamais Jesus venderia indulgência, jamais pregaria essa "caridade" como moeda de troca. Mas isso se tornará moeda de troca na palavra de Paulo. Por quê? Primeiro, Paulo não conviveu com Jesus. Ele se chamava Saulo e era um nobre judeu, senhor da Lei, e também cidadão romano, de uma nobre família de Tarso na Cilícia Romana, atual Turquia. Paulo, então Saulo, perseguia ferozmente os cristãos com o objetivo de apedrejá-los até a morte. Depois da morte de Estêvão, com a presença de Saulo, este tem uma visão de Jesus, às portas de Damasco. Jesus pergunta: "Saulo, Saulo por que me persegues?". Ele está perseguindo o Cristianismo. Quem é esse Saulo? É Paulo, que depois dessa visão cai do cavalo literalmente e se converte ao Judaísmo de Cristo, que seria o Cristianismo futuro. Saulo se batiza e muda seu nome para Paulo, um novo cristão com um novo nome, pregando uma boa nova e, com certeza, fazendo tudo para esquecer que foi um dos maiores perseguidores dos cristãos. A pergunta que não quer calar é: **qual o tamanho do medo de um novo cristão, que antes havia dedicado a vida a perseguir os cristãos?** O quanto ele foi colocado em dúvida, em xeque, quanta desconfiança havia sobre ele? **Qual o tamanho da sombra que Paulo carrega?** É muito grande. Então agora ele precisa ser o maior. Se ele não pode ser o maior místico, e não é, então vai querer ser o maior em moral, em comportamento, naquilo que ele pode mostrar a todos para provar que agora é um bom cristão, e até mais do que isso ele, Paulo, é um modelo e diz: imite a mim como eu imito a Cristo.[17] E muitas vezes demonstra sua preocupação com a imagem e com que os outros pensam, repetindo que "a ninguém damos qualquer motivo de escândalo, para que nosso ministério não seja criticado."[18] Por mais que tenha cartas e discursos muito inspirados ou que fale e exorte os dons do espírito, ainda assim está orientando a todos os outros que não têm nada de místicos e que, como ele, estão preocupados com a própria imagem, salvação e sombra. Paulo é um desbravador, um doutrinador, um comunicador, um arrebanhador, um organizador e codificador da obra de Cristo, ou seria de sua própria obra? Ele convence e converte o maior número

---

17. 1 Coríntios, 11:1.
18. 2 Coríntios, 6:3.

possível de pessoas, fazendo crescer uma comunidade cristã na qual ele mesmo vai delimitado o que é bom ou ruim, certo ou errado, moral ou imoral, e claro que para isso precisa de um discurso pesado em cima do pecado, da caridade e da salvação, no qual impuros (devassos), idólatras, adúlteros, depravados (afeminados), infames (devassos), idólatras, ladrões, bêbados, avarentos, difamadores não possuirão o Reino de Deus.[19]

Paulo recria seu próprio cristianismo, e será o que vai prevalecer!

---

19. Esta lista aparece em 1 Coríntios, 6:9 e em cada tradução aparece de forma diferente. Na Bíblia editada pela Ave-Maria, lê-se impuros, idólatras, adúlteros, efeminados, devassos, ladrões, avarentos, bêbados, difamadores e assaltantes. Na Bíblia de Jerusalém, há devassos, idólatras, adúlteros, depravados, infames, ladrões, avarentos, bêbados e injuriosos. Então temos uma lista que inclui os "efeminados" e outra em que, no mesmo lugar, põe o termo "depravado". Fica aqui a reflexão de quem entra ou não no reino e o quanto um livro como a Bíblia pode ser interpretado, reinterpretado e mal interpretado a bel-prazer de cada um. Afinal "efeminado", "depravado" ou homoafetivo são conceitos diferentes.

Capítulo 4

Estado Ágape de Consciência

Pai Rodrigo Queiroz – 002

O objetivo deste livro é estabelecer uma provocação e não encerrar o assunto, não temos essa presunção, mas é provocar o leitor interessado sobre o assunto caridade e amor, e refletir se ele não está se relacionando com isso de uma forma perversa.

Se, ao ponto que chegamos aqui e que já está bem posto e definido, há uma perversão histórica na construção desde que Paulo fala da caridade como sentido maior do cristão, ele só é legitimamente cristão se faz caridade. No entanto, Jesus, como foi colocado, está preocupado com a ética, ele é um Mestre. Porque a questão é que o amor resolve todos os conflitos. Jesus está em um momento nevrálgico daquela sociedade, há um estado de nervo dilacerante generalizado e ele está mexendo com a base do Judaísmo e do poderio. E aí ele desafia, incomoda com suas conjecturas e suas afirmações de ser Ele um rei de um Reino invisível. Mas traz a boa-nova, a grande boa-nova de Jesus alinhará essa questão toda.

Eu não sou um bom contador de historinhas, mas gosto de citar algumas frases. No filme *Cafundó*, de Paulo Betti (2005), há uma cena que sempre cito quando posso, pois é linda, em que João de Camargo está perturbado com as vozes, com aquelas sensações que ele está tendo, e o bispo da Igreja, do vilarejo, o encontra ali tentando fugir delas com a cabeça dentro da água; o bispo puxa a cabeça dele e fala: "O que é isso João, quer se matar, está louco?". Ele vira para o bispo e pergunta: **"Como será a face de Deus?"**, e o bispo responde: **"Há de ser perturbadora, pois encerraria todos os mistérios do Universo"**.

Essa frase pontua que, se tivéssemos visto a face de Deus, não estaríamos aqui fazendo essas considerações. Talvez essas provocações surjam como um anseio nosso pessoal de contribuir para nós mesmos e para quem está nos lendo, já que, mas palavras de Sócrates: **"uma vida sem reflexão é uma vida sem sentido"**. Nós somos religiosos, sacerdotes de uma religião, a Umbanda, e se a religião presume dar sentido à vida em nossa forma de viver, esse sentido se reflete na religião. E aí Jesus faz isso o tempo todo, faz o homem pensar que se olho por olho e dente por dente não acabar com a humanidade, será insuportável a vida. Porque a boa-nova de Jesus é o amor, e Paulo quer efetivamente esclarecer isso.

Trata-se de ética, mas porque o amor é ético. **Onde há amor estão implícitos a ética, o bom senso, a bondade. Não são organismos separados.** Você tem amor? Você pauta suas ações no amor? O amor assim cristão, o amor ágape. Desde o início deste livro estamos falando da caridade no sentido original e que presume uma sociedade mais justa, mais harmoniosa, e isso na vida religiosa dos indivíduos. Então, o amor, Deus amor, Deus de amor que estamos querendo dizer traz tudo isso. A passagem de Jesus em que ele desafia que jogue a primeira pedra quem nunca pecou é uma avaliação amorosa sobre o que é moral e ético daquele momento. No entanto, ele está pautado pelo amor profundo, tocado pela ideia de amor. E por isso é possível refletir assim mesmo quando toda a referência local não é essa.

É importante dizer que, quando evocamos passagens bíblicas de Jesus aqui, estamos separando o homem da Divindade, já que ao considerar Ele tal como Divindade, fica implícito aceitar que era soberano a tudo, mas como homem que de fato foi, então podemos nos deslumbrar com a riqueza de ensinamentos a ser assimilados.

Jesus é um inconformado, rebelde com causa, e até, para alguns, revolucionário. Ele questiona a partir de seu inconformismo, digamos assim, Jesus como homem também tem uma sacada. Em algum momento ele toma ciência de que não é possível que Deus seja menos que isso. Ele é o absoluto; ao comparar humanamente, por exemplo, minha mãe me ama, eu vejo o amor que minha mãe dedica a mim e aos meus irmãos, o amor que meu pai dedica a mim e a meus irmãos. Deus é muito mais que isso; Deus é mais que minha mãe e meu pai. São conjecturas filosóficas de Jesus, presumo, são considerações saindo da caixinha, como o Pai Alexandre falou. Algo está incômodo para Jesus naquela sociedade, naquele sistema religioso, naquela forma de ver o mundo e sociedade. Então ele fará a reflexão: se minha mãe daria a vida dela por mim, por que Deus não daria? Por que Deus não seria maior do que minha mãe? Minha mãe é maior do que Deus? Não, nada é maior do que Deus. Então, Deus vem a ser para Jesus a definição de um amor sem expressão, que talvez Paulo comece a alcançar.

Deus é amor, mas um amor que não tem nada a ver com desejo, com paixão. É amor daquele que está além de tudo. Se Deus é amor, e Deus é Criador, Ele está antes de mim e de tudo o que eu sou. Se Deus é amor, Deus é Onisciência, Onipresença e Criador. É o meu Criador, ele sabe antes de mim do que eu sou ou não sou capaz, onde erro, onde errarei, porque Ele está antes de mim. Ele é Onisciente daquilo que sou e das probabilidades do que, de acordo com minha natureza, eu posso ser e fazer, então Ele sabe de mim muito antes do que eu mesmo tenha ciência. Jesus entende tudo isso, então a pregação de amor define uma sociedade mais justa. Por isso, a noção de justiça em Jesus é muito radical.

Radical no sentido literal da palavra, de raiz, de que é justo quando se ama. É ético quando se pauta no amor. Porque ao pautar sua vida, suas ações, no amor ágape, de que estamos falando, o amor divino, sublime, desinteressado, não é amor de si, não é amor-próprio, Eros, não é nada disso. Amor Divino, isso resolveria as questões da humanidade.

Se o ser humano pautasse suas ações, suas reflexões, convicções no amor de fato, acabariam a escravidão, a injustiça, atrocidades, perversões. Acabaria tudo isso.

O amor resolve todos os conflitos, e é isso que Jesus em sua revolução contextual está querendo propor.

Entretanto, caridade como é entendida nos dias atuais não é uma questão para Jesus. Porque se o homem assimila o amor como ele está falando, a caridade é algo natural, não se pensa nisso para ser benevolente, solidário e disponível ao outro.

Caridade, nesse caso e da forma atual, é um tema menor, é uma preocupação mesquinha perto do que Jesus objetiva para o ser humano, para o homem que vive nessa realidade. O amor faz o indivíduo agir em caridade. Aquele que assimila o amor está íntegro com sua realidade.

Se eu vivo no amor sou contínuo a tudo que existe à minha volta, porque quando vivo à parte da sociedade e de seus problemas, dos problemas do outro, de meu semelhante, eu não sou o amor, não vivo o amor, porque sou egoísta. Estou preocupado somente comigo, com meus interesses, com minhas coisas.

Trabalhar, atingir metas: estou preocupado somente comigo de verdade. Mas, se eu alimento minha consciência com amor nesse sentido do sagrado, então a caridade é algo natural que virá por consequência do inconformismo, que é o que toca Jesus. Jesus, na tomada de consciência dele de mundo, é tocado pelo inconformismo. Ele vê injustiça, escravidão, vê tudo errado. E se tudo aquilo existe é porque não há amor, pois não entenderam nada. Então Ele simplifica, Ele um grande pensador da humanidade resolve a equação: Ame.

Tudo isso de que estamos falando é amor. Se você ama acabou a injustiça, acabou a pressão e tudo de ruim.

A caridade nas traduções é a mais verdadeira ação desinteressada humana integrada do homem pelo homem. Onde ele se realiza pelo outro, no outro. Não que o objetivo seja essa realização, mas acontece. Talvez, para compreender bem isso, é como um pai que educa um filho e quando vê que ele dá certo, acerta, vence, se alegra, pois reconhece ali sua ação também. Dei o meu melhor, dei meu amor e meus valores e ele se tornou um grande homem, uma grande mulher.

E é uma realização porque o outro se realizou a partir de sua influência também. Já a frustração é a inércia desse processo. **Então, a caridade que deve ser entendida nas religiões e que é um assunto caro para elas, é também um assunto muito confuso para a Umbanda.**

Na Umbanda, a Entidade vem para fazer caridade a fim de evoluir e o mediador, o médium, aquele que está no meio desse caminho, é bondoso, pois oferece o corpo, o espaço para que o outro venha fazer a caridade dele, para que ele progrida. **Dessa forma, a relação é perversa.** É perversidade isso, a distorção completa do sentido original da caridade e também do que significa estar ali naquele ambiente sagrado, do que é rezar, do que é estar, ser parte desse processo. E o umbandista que nos lê se assustará ao saber que a Entidade espiritual não vem fazer a caridade porque precisa, e sim porque eles vivem o amor ágape.

O Preto-Velho, o Caboclo, o Exu, seja lá quem for, eles vivem o amor ágape. A ação deles é desinteressada, é uma ação humanitária. Eles se deslocam de outra realidade, são seres humanos, não podemos esquecer, e não uma "coisa" que está no céu. São seres humanos que estão em outra escala vibratória e que olham para nós que vivemos hoje em um mundo caótico, nos escombros de nossas emoções, **vivemos nos lamentos de nossas decisões, rastejantes de nossos desejos.**

Vivemos a pior guerra que possa existir, o pior estado existencial, que é não saber se encaixar, não dar conta das consequências das próprias ações, que é viver uma fuga constante. Nós estamos caóticos, em um mundo caótico, nos escombros de nós mesmos.

Então, esses espíritos motivados por um amor humanitário, profundo, que já assimilaram com expertise o estado ágape de consciência, deslocam-se como quem vem em um campo de batalha, nos escombros de uma guerra, para auxiliar de alguma forma esses que rastejam, que perderam pedaços, que estão dilacerados na alma.

A sociedade, independentemente das crenças religiosas, vive um esquartejamento existencial. Estamos em busca de nossos pedaços, aquilo que se perdeu em algum lugar.

Esses espíritos olham para nós aqui e o que eles enxergam é um campo de batalha destruído, uma realidade horrorosa. Não é assim bonitinho como nós queiramos que seja, de fato. O olhar deles é muito além, muito mais panorâmico e é por isso, porque há amor ao semelhante. Isso nós não conseguimos entender, penso que não tenhamos essa capacidade, falta-nos essa expansão de consciência desperta no amor, falta-nos ser amor, porém há uma boa notícia: o fato de já estarmos discutindo sobre isso significa que podemos vislumbrar uma possibilidade de alcançar esse estado.

Eu não sou afeito a ações sociais, não sou de fato alguém que tem a vocação em promover ou fazer ações sociais. É uma característica minha, penso que está todo mundo em seu lugar. Mas me compadece uma realidade mais global, entender dessa forma o mundo como está, caótico. Vejo a ação no ambiente sagrado de Terreiro que é onde convivemos, vejo espíritos tão amorosos, porque são amorosos de fato, vêm compadecidos pelas dores da alma. Eles são voluntariosos, estão além de nossa percepção de caridade, e é isso que estamos querendo provocar aqui. Quem faz a caridade aqui? Quem é caridoso? O que é caridade?

Trazendo para nossa realidade mística: no Terreiro de Umbanda, quem é o caridoso? Pois se você vai ao Terreiro porque falaram que ao incorporar um espírito você faz a caridade, você está interessado em dizer que vai fazer a caridade. Mas quem faz a caridade quando você sai de cena? **Quem é a consciência capaz de assimilar a dor alheia e curar a alma do outro?** Curar a consciência, apaziguar o drama. É você, caótico do jeito que é? Ou é ele, o espírito, que só vem com o único interesse, ajudar na emancipação da consciência, da alma, das emoções.

De alguma maneira vem nos tocar para que tenhamos autonomia de consciência, de saber de repente que aquelas suas convicções sobre si mesmo estão erradas. **É por isso que você sofre, porque está só preocupado em manter essa ideia de você para o outro, vítima que é do ego.**

A chave da palavra caridade como amor maior que tudo, que é o amor que vai reger a cultura cristã, baseia-se na trajetória e nas palavras de Cristo. Caridade não é um tema para Jesus, mesmo, não porque faltou, mas porque simplesmente não se faz necessário. Ele é aquele que entendeu que você deve viver no amor, Deus é amor e você vive em Deus; se suas ações estão pautadas no amor Divino, no auxílio ao outro, na ajuda ao outro, ação pelo outro é orgânica. Está em você, você está integrado ao mundo, à sociedade, e talvez este seja um dos maiores, não rotineiramente compreendido, mas um dos mais importantes valores na Umbanda, à integração do homem a natureza. Mas o que é essa natureza? A natureza é o todo, é Deus, é Amor.

A virtude não espera recompensa
Pai Alexandre Cumino 003

A história de João de Camargo, relatada de forma excelente no filme *Cafundó* de Paulo Betti, também traz uma reflexão sobre caridade, e tanto o filme quanto a reflexão valem muito ser revistos. O próprio João é conhecido como João da Caridade, e ali no filme, em sua biografia, há uma passagem em que ele foi preso por fazer a caridade em nome de Deus, o que era visto como afronta pela igreja e pela comunidade católica, que detinha o monopólio de Deus e da caridade religiosa. João foi preso por isso; depois de alguns dias, já solto, está voltando de charrete para sua igreja e encontra na frente dela aqueles que são mais próximos a ele vendendo água, óleo e outros adereços religiosos. Então, João fica furioso, chuta e derruba tudo no chão, e fala: "O óleo não pode ser vendido, esse óleo é sagrado", ou seja, desse óleo não se pode fazer comércio.

Ele derruba tudo, empurra as pessoas, fica muito bravo e entra na igreja, bate a porta e então quem é que está lá dentro esperando por ele? É Exu, dando risada. Exu, irônico, questiona seu comportamento e diz para João: "Que nem Jesus, João expulsa os vendilhões do templo! Quá quá quá... quem você pensa que é, João?" E assim Exu, como é de costume, coloca um espelho na cara de João e aponta o dedo para seu EGO, sua vaidade. Exu dá risada da sua cara. Afinal se João não vende, como pode o outro vender? Agora João chegou, se enfureceu e demonstrou como é virtuoso igual a Jesus! Então a tal "caridade" é questionada por Exu.

Se eu tenho o amor, não preciso me obrigar a fazer a caridade, ela se tornará natural e jamais será uma obrigação. Como Pai Rodrigo diz, orgânico, porque é um desdobramento dentro de um bem-querer. Mas Ele diz:

"ama ao próximo como a ti mesmo", isso movimenta o que deveria ser a caridade cristã, não com a palavra gasta, mas com o que traduziríamos talvez por generosidade, uma virtude não espera recompensa. Sem ilusão, sem expectativa, sem espera de recompensa e, como tal, sem desilusão, sem frustração, sem melindre. Você simplesmente faz sem olhar a quem e sem esperar nada em troca. Quando você faz sem esperar nada em troca, não usa a palavra caridade para isso, você pode usar talvez a palavra generosidade, bondade. Um caridoso é capaz de levar cobertor a quem tem frio e sair chocado porque não recebeu um agradecimento, ou seja, o outro não lhe pagou nem com o mínimo que é um muito obrigado. Então, é preciso ser pago com gratidão e reconhecimento de que aquele que dá o cobertor é o caridoso.

Agora pare e respire; o reconhecimento do caridoso, esta é a razão, a única razão para tantos se revoltarem quando você diz: "isso não é caridade". Eles, os "caridosos", pensam e dizem, não é possível que passei tantos anos em vão distribuindo sopa, cobertor e sorrisos amarelos. E agora, não ser reconhecido ou não ir ao céu é inadmissível.

"Que a mão esquerda não veja o que faz a direita", isso quer dizer não esperar nem um "agradecimento", o contrário disso é a perversão, porque não é generoso, não é virtuoso. Quando você espera algo em troca, quando espera um benefício ou um reconhecimento, é uma barganha. Ainda assim vamos sempre esbarrar nas questões de interpretação e até de contradições bíblicas, caso queiramos nos apegar ao que Jesus diz ou ao que está registrado na

Bíblia. Em Lucas 10, Jesus recruta 72 discípulos, orienta-os a irem de casa em casa levar a boa-nova e diz: "Permanecei nesta casa, comei e bebei do que tiverem, pois o operário é digno de seu salário". Aqui dá a entender que os discípulos, embora tenham abandonado tudo de seu passado, devem receber um "salário" por seu "trabalho". Em Mateus, 10:8, Jesus instrui os 12 apóstolos dizendo: "curai os doentes, ressuscitai os mortos, purificai os leprosos, expulsai os demônios. **Dai de graça o que de graça recebestes.** Não levai ouro, nem prata, nem cobre nos contos, nem alforje para o caminho, nem duas túnicas, nem sandálias, nem cajado, **pois o operário merece e é digno do seu sustento**". Na Bíblia Ave-Maria (2004) existe a nota de rodapé seguinte: **"seu sustento: cabe aos fiéis providenciar o sustento daqueles que lhe anunciam o Evangelho"**. Fica a reflexão da Bíblia e o comentário católico de que, embora "se dê de graça o que de graça recebeu", ainda assim existe um operário trabalhando, que não está vendendo os dons, os quais não têm preço, no entanto ele deve receber para seu sustento. Agora pense o que é tudo isso quando se resolve se apegar a palavras, citações e dizer que Jesus falou isso ou aquilo, com base em textos de terceira ou quarta mão (tradução) manipulados por interesses desconhecidos a nós em sua profundidade.

Amor-próprio e amar a si mesmo
Pai Rodrigo Queiroz – 003

Amar a si é o estado de plenitude, que não é amor-próprio, é importante entender essa diferença. Amor-próprio está no campo do ego, do apego, essa concepção de amor-próprio, o amor de si. Seria esse amar a si, que é compreender-se, você só tem o amor de si quando se entende no mundo em consciência e em emoções. Você sabe definitivamente de suas virtudes, de seus defeitos e de sua extensão, e está em paz com isso, do que é defeito, do que é limite, e você cria um compromisso de melhorar. O que é virtude você coloca a serviço, deixa andar. É preciso entender a noção de amor-próprio ou amor de si corretamente; amar a si somente é possível para aqueles indivíduos que se avaliam, que se analisam, que olham no espelho e se reconhecem, refletem criticamente sobre si.

O amor-próprio é vaidade, é *selfie*. Amor de si, amar a si é pura consciência de si, é plenitude consigo em tudo o que você é, virtuosa e negativamente. Então, é muito complexo, Jesus está falando em um tempo mais caótico, muito difícil de compreensão por parte deles.

Pai Alexandre Cumino – 004

Inclusive nem sabemos o que é isso, amar a si mesmo. Eu venho praticando a meditação, com a técnica *Mindfulness*, Atenção Plena, em uma das práticas você foca em sua respiração e fica observando os pensamentos que vêm e vão em sua mente. Observa que eles vêm de uma forma muito independente e atômata, nossa tendência é seguir todos os pensamentos e ficar divagando problemas e questões do presente, passado e futuro. A técnica consiste em tomar consciência de como a mente funciona e não se deixar levar pelos pensamentos, cada vez que se der conta de que está divagando e pensando em coisas diversas, você amorosa e generosamente deve voltar o foco da mente para sua respiração e observar quais os próximos pensamentos que virão. Chega um momento em que você passa a ser um observador de si mesmo, dessa mente, desse cérebro que não quer parar de pensar. Uma das primeiras conclusões é: eu não controlo meu cérebro, minha mente. Naquele momento, você entende que não controlar pode ser irritante. Porque aqueles pensamentos que voltam são pensamentos repetitivos que você não quer mais ali em sua mente.

Você deve aprender e insistir, voltar para a respiração sem se criticar, deve voltar generosamente, deve voltar para a respiração sem se preocupar. Apenas volte para a respiração e esses pensamentos acabarão indo embora, eles vão passar. No começo é comum você observar que estamos muito acostumados com a autocrítica, baixa autoestima, nos agredimos ao nos irritar e acreditar que somos idiotas ou medíocres por não conseguir parar de pensar em coisas que não queremos. Reconhecemos total falta de controle, e assim que abrir mão do controle e se tornar generoso, paciente e amoroso com você mesmo, se aceitando, alguma coisa acontece. **SIM, muito contrário a quase tudo que vemos em religião, ao começar a amar mais a nós mesmos, ser mais pacientes e generosos há uma mágica**, a gente passa a ser mais generoso, amoroso e paciente com todos à nossa volta, de uma forma natural e não forçada, sem obrigação, passamos a ter compaixão em paz e tranquilidade. E consequentemente curamos ansiedade, estresse e depressão, além de curar as relações conosco e com os outros.

A perspectiva do amor muda e muito; no momento em que eu estou fazendo isso, meditando dessa forma, estou amando a mim mesmo, me aceitando, me perdoando e sendo generoso comigo, em compaixão. Imediatamente o outro (que segundo Sartre é o inferno) passa a ser aceito, **eu passo a ter amor e compaixão pelo outro à medida que tenho por mim mesmo. Essa prática revela o fato e a conclusão de que tudo aquilo que eu critico no outro é minha sombra**. Porque aquilo que eu critico em mim, aquilo em mim que me agride, aquilo em mim que eu não aceito será tudo o que critico, não aceito e agrido no outro.

Quando Jesus diz: "ama ao próximo como a ti mesmo", a profundidade disso é muito grande. Não é possível amar ao próximo como a si mesmo se antes não houver este "a si mesmo". Parece óbvio, mas não é, ninguém para para pensar nisso e todos partem do princípio de que já amam a si mesmos, quando na verdade apenas confundem ego e egoísmo com o "amar a si", que deve ser um ágape a si mesmo, partindo do princípio de que essa é a qualidade de amor, ágape, que se deve ter para com o próximo, mas antes para consigo mesmo.

Jesus não dá uma técnica. Ele ficou 40 dias no deserto. **Diga-me, o que você tem para fazer no deserto durante 40 dias? Nada, fazer nada é meditar.**

A meditação no Oriente é o caminho mais seguro para entender que você e Deus são UM. Quando Jesus diz: "Eu e o Pai somos um", é um espanto para a cultura judaica ocidental, afinal o Pai está distante, mas se virarmos a chave para a cultura oriental não haveria novidade, ser um com Deus é algo que faz parte das diversas filosofias hindus nas quais muitos mestres antes e depois de Jesus fizeram e fazem essa mesma afirmação.

Embora Jesus não dê a técnica, é certo que meditação é a grande técnica de observar a si, como caminho para que eu aprenda esse amor de si mesmo.

Amar o outro é um compartilhar
Pai Rodrigo Queiroz – 004

Quero salientar aqui, aproveitando sua fala, que é sobre o "amar o outro como a si". A profundidade dessa afirmativa de Jesus deverá ser perturbadora pelos próximos séculos, porque pensando no mundo tecnológico, o mundo da rede social, está cada vez mais escassa a ideia de se tornar uma concepção.

Você não ama a si, mas tenta buscar o amor do outro, a aceitação do outro na exposição constante de si. É tão difícil de se aceitar que você fica buscando aprovação do outro em si. O *Like*, os comentários, os compartilhamentos. É tão insuportável ser você mesmo que você está ali tentando ser aceito o tempo todo fora de si.

Essa provocação jesuítica deve ser mesmo algo a se pensar o tempo todo e sua dica do *Mindfulness* é brilhante, porque é sair de cena para se observar, é a plenitude para poder então começar a tomar uma ciência de si. E se você não gostar do que vê, do que sente, então é hora de consertar e achar o caminho de aceitação de si. Então, se você não ama a si mesmo não será possível amar o outro. Só que existe um engodo aí, o engodo é quando na relação humana entre indivíduos, nas relações conjugais, matrimoniais, ou seja lá o que for, um delega ao outro o motivo de sua felicidade. Eu amo tanto um homem ou uma mulher e entrego tudo de mim para ela ou para ele, que é a causa de minha felicidade. De fato entrega, a tal ponto que se o outro rejeitar em algum momento essa entrega, aquele que se entregou viverá uma desolação quase incurável.

Porque irá demorar para tomar novamente a lucidez do erro que cometeu, não por ter se entregado ao outro ou por ter dedicado tempo e companheirismo a essa pessoa, mas pela perspectiva do relacionamento em que o outro é o dono de minha felicidade. Sendo que a relação das pessoas deve ser pautada no eu me amo e compartilho isso com você, compartilho meu melhor, meu companheirismo, minha vida. Trago-o para junto, e quero compartilhar o que é seu também.

O outro não é a tampa, nem a metade, nem alma gêmea.

O desafio para o leitor é fazer essa avaliação, do que ele entende de si, porque no fim, cada um dá o que tem nas relações. Eu diria, portanto, encerrando a questão da caridade, que, nessas perspectivas de quem dá o cobertor àquele que passa frio, quem dá sopa para aquele que passa fome, quem dá atenção àquele que está abandonado, **isso não é caridade em absoluto, é solidariedade, é uma ação do humanismo, da compaixão, ser tocado pela dor e sofrimento do outro**. Porque você é solidário às necessidades, isso não é caridade. Pois a caridade Ágape mesmo, no sentido que estamos aqui tentando buscar radicalmente para ser caridoso, é quando sua ação, pela motivação, o leva a agir, transformar a vida do outro. Um cobertor não altera a realidade.

Você é caridoso quando ao ver quem passa frio resolve a questão que causa o frio, que causa o abandono, que causa a falta de teto do outro. Então é algo muito maior, mais profundo e mais afirmativo. Quando você dá o cobertor você é solidário, generoso, mas quando você transforma aquele indivíduo, transforma aquela realidade, você fez caridade, no sentido talvez mais radical do que deveria vir a ser.

Capítulo 5

A Caridade na Umbanda

Pai Alexandre Cumino 005

Então chegamos a um ponto em que na verdade a caridade é maior do que tudo isso. O grande problema é o desgaste, o desuso da palavra, o mau uso que se dá a ela, porque o ato de caridade não é aquilo que você pensa que está fazendo. **Se a caridade é curar a causa, a caridade maior é transformar a vida de alguém, eu penso, essa é a maior caridade que se faz, quando você consegue transformar a pessoa, transmutá-la.** Dizem que transformar é para fora e transmutar é para dentro. Transmutá-la, tirá-la daquele lugar, colocá-la em outro lugar de consciência.

Essa é a maior caridade e na Umbanda isso é muito presente, e o conceito de amar ao próximo também, muito subjetivamente, na própria palavra "umbanda" nós temos uma questão que pode e deve ser levantada. **O que Zélio de Moraes entende pela palavra Umbanda? O que era a caridade, "a manifestação do espírito para a prática da caridade", na vida de Zélio de Moraes?**

Dona Zilméia de Moraes, filha carnal de Zélio, contava para quem quisesse ouvir e eu ouvi de sua própria boca que, se Zélio estivesse na rua e encontrasse alguém precisando de um cobertor, ele não dava o cobertor, ele levava a pessoa para casa. Dona Zilméia dizia que dava seu quarto aos moradores de rua que Zélio trazia para cuidar dentro de sua casa. Dava então cobertor, a cama, o chuveiro, o colo, a consciência, a palavra e a vida.

Era algo tão louco que surgem casos, histórias e uma mística em torno da vida e postura do Zélio. Dona Zilméia conta que uma dessas pessoas que ele encontrou na rua e levou para casa era um rapaz de uma família riquíssima, e que por algum motivo o rapaz estava ali. Zélio o levou e cuidou dele, para depois descobrir quem era o jovem; a família que o estava procurando há tempos ofereceu umas terras ao Zélio, nas quais o Caboclo das Sete Encruzilhadas identificou riquezas naturais e apontou onde procurá-las.

O que quero demonstrar é que na raiz da Umbanda, com Zélio de Moraes, "caridade" é o que deveria ser de fato, um amor que vai muito além do senso comum, é o amor divino, ágape e ahava.

A questão é: eu não me amo, me critico, me odeio, então nossa realidade é odiar o próximo como a si mesmo, criticar o próximo como a si mesmo. Amar o próximo como a si mesmo é inevitável, mas como ninguém se ama mesmo, você se critica a maior parte do tempo; é inevitável você criticar o próximo como critica a si. Então, por mais que Jesus diga ame o próximo como a si mesmo, é uma coisa que não dá para você fazer, você não consegue amar o próximo como a si mesmo, é uma coisa impossível. Você não chama uma criança e diz: meu filho, venha aqui, a partir de hoje você deve amar o próximo como a si mesmo, como quem diz assim: a partir de hoje você vai escovar os dentes. Porque amar não é uma coisa que você faz, amar é uma coisa que acontece, você não faz isso.

Ninguém pode obrigá-lo a amar alguém, ninguém pode falar, "Rodrigo, ame o próximo!", o amor não pode ser uma coisa obrigatória, pois não será amor, e é isso que estamos falando com relação à caridade. **Nós vemos, todos os dias, que caridade é uma coisa que você pode fazer por obrigação, mas aí já não é mais caridade no sentido original do amor, porque o amor não pode ser uma obrigação.** É impossível você amar por obrigação, por isso o questionamento daqueles casamentos combinados na infância em que a criança fica prometida para outra, ou seja, o pai fez um contrato com aquela família de casar sua filha com o filho do amigo, então essa criança tem a obrigação de amar e casar com aquele. Não vai acontecer, por quê? Porque chegamos à conclusão de que você não pode obrigar uma pessoa a amar a outra, isso quer dizer que o amor não nasce, não pode ser obrigado.

A única coisa que você pode se obrigar é fazer o bem, você pode fazer o bem por obrigação, mas isso não quer dizer que você seja uma pessoa boa. Você pode fazer o bem por obrigação e por medo de ir para o inferno; se você faz o bem fundamentado no medo de ir ao inferno, então não é uma pessoa boa, é uma pessoa que tem medo. Ter medo não faz de você bom, pode fazer de você alguém doutrinado, "adestrado", robotizado.

É bom quando você não tem expectativa. O amor não pode ser obrigado, forçado, ele deve acontecer. Deve acontecer assim como o desabrochar de uma flor, assim como a transformação da lagarta em borboleta; nos dois casos, se você forçar, estraga.

Por isso a caridade na boca de Zélio de Moraes é amor, quando ele fala que Umbanda é Caridade está implícito o amor, o que se comprova com seus atos, pois ninguém leva alguém para sua casa por obrigação. Sua filha Zilméia de Moraes dizia sempre: "Umbanda é amor e caridade", e também comentava que essas palavras eram de Zélio e do Caboclo das Sete Encruzilhadas, o que evidencia a clareza e importância de se fazer sinônimo e associação entre amor e caridade.

Quando a Umbanda diz um, tudo é UM, como interpretação do nome Umbanda, isso mostra que existe UM objetivo: fazer da Banda (nós) uma unidade com UM (Deus). O umbandista não sabe o que é isso, mas no momento em que o médium umbandista incorpora uma entidade, ele é UM com essa entidade e ela é UM com algo maior, a qual será UM com Deus, e essa é a hierarquia dividida de mentes unidas ao UM. Ao compreender isso, podemos entender que todos são UM com Deus, se todos são UM então Eu sou Você, Eu sou o Outro, amá-lo e respeitá-lo é consequência desse amor. Mas nada disso é possível se antes não houver "amar a si mesmo".

O médium de Umbanda vai ao terreiro porque ele quer estar ali com os espíritos, isso é amor. Nas palavras do Exu Sultão:[20] "incorporar é um ato de amor". Aqueles espíritos veem por uma única razão, por amor, eles amam, por amor eles estão aqui. Então se você está incorporado, você incorporou o amor, o qual está manifesto em sentimentos, pensamentos, palavras e ações corpóreas. E esse amor torna natural acontecer o trabalho de Umbanda: que tem por base aquilo que se espera do amor "cuidar". **Passe, atendimento, consulta, limpeza, descarrego, ritual e tudo o mais têm um único objetivo: cuidar das pessoas. É isso o que faz o AMOR. E assim deve ficar claro que, nesse raciocínio, nessa forma de pensar, a Caridade é apenas uma consequência e não o objetivo.**

---

20. Sultão do Mar, entidade que me ampara na esquerda e que é um mestre em minha vida.

Se você não se ama, está incorporando alguém que ama a si e ama ao próximo como a si mesmo. Porque o ato de incorporar espíritos para dar atendimento é um modo de amar ao próximo como a si mesmo, dando para o outro o melhor que você tem, o amor que você recebe; estar compartilhando esse amor. Então, esse é o sentido maior da caridade na Umbanda. É o sentido da própria palavra Umbanda, um com Deus, naquele momento você é um com Deus, porque você é a expressão do amor. E isso também é crístico.

No momento em que Jesus fala "ame ao próximo como a si mesmo", ele se refere ao amor porque a experiência mística dele com Deus é amor, e é um fato: **ninguém entendeu nada, porque ninguém viveu o que ele viveu, apenas lemos e decoramos palavras ditas, contadas, recontadas, mal traduzidas e gastas, todas carecendo de releituras**. Dessa forma, palavras não podem lhe conceder a experiência vivida por ele. Viva sua experiência, leia as palavras, mas busque sua própria experiência com Deus, com o sagrado, com o amor e viva isso.

Caridade é o estado de graça
Pai Rodrigo Queiroz – 005

A caridade efetiva, no sentido teológico, acontece quando há transformação. Isso é a graça, o estado de graça, você encontrará graça teologicamente falando, é quando a caridade acontece e ela é efetiva. Então há uma mudança.

Na realidade da Umbanda, a graça acontece quando o consulente ou o umbandista, enfim, o indivíduo, nasce na interação com o Templo e com as entidades espirituais, acontece algo que o toca de tal maneira que ele se transforma. **Ele é tocado de tal forma que se transforma.**

Há um impulso, ele absorve uma potência para viver melhor. Isso é a caridade e, portanto, a caridade é a graça, por isso não tem preço, não dá para tabelar, não dá para cobrar.

A caridade flui pela espiritualidade na forma mais original e mais verdadeira. Como eu digo, minha ida ao terreiro é egoísta, não é caridade. A caridade eu deixo para os espíritos. Vou porque eu comungo, vou porque me faz bem, vou motivado religiosamente.

A manifestação mediúnica acontece com uma consequência do estar ali, eu ser médium, estar comungando com todo o processo, ritualizando junto. Eu amo aquilo, me faz muito bem e é um estado pessoal de graça incorporar.

Quando eu incorporo estou tendo a chance, a oportunidade de interagir com outra consciência que vai me tornando melhor com o passar dos anos. Pois posso olhar para trás e ver que houve alguma evolução, houve alguma melhoria. Então, esse estado de graça para mim é esse processo todo, e a caridade acontece em mim por conta dele e há de acontecer nos outros por conta dele. Estou ali motivado por um interesse pessoal, com toda honestidade. É um ato egoísta que eu não tenho receio nenhum em dizer.

Não é pejorativo, em absoluto, isso não me torna pior ou não quer dizer que não estou entendendo o que faço no terreiro. Talvez eu queira dizer que entendi bem o que me leva ao terreiro. É um interesse pessoal, pois se não me fizesse bem não haveria argumento que me deixaria ali.

Eu tive todos os motivos possíveis para não estar na Umbanda, mas havia um bem-estar ali, apesar de todas as evidências de que aquilo seria um problema. Naqueles momentos iniciais, da forma como era posta a Umbanda a mim, eu deveria correr daquilo, daquele ambiente, correr daquele negócio. Meu pai não sabia onde o filho adolescente estava se enfiando, porque não acompanhava, porque se acompanhasse não permitiria. Eu não permitiria um filho meu. Meu pai nunca soube, as "bagunças" que me envolvi, o buraco que era, as coisas que ali aconteciam. Então, não era de Deus, não era caridade nem é algo que dá para se recomendar.

Algo por minhas próprias buscas fez que eu saísse daquela realidade e buscasse outra que havia, em mim um pulsar, por isso eu digo honestamente, mesmo que tivesse motivos para não ir, lá eu estava, porque era interesse pessoal. Algumas vezes, ouvi das pessoas que estar ali era para caridade, em outras as entidades, ao me desenvolver, diziam para mim: você precisa desenvolver para fazer a caridade. **Você tem uma missão. É algo que envaidece bastante: eu tenho uma missão!!** Então sou missionário. Isso é muito bom para a vaidade. Com o tempo você descobre que não, que é uma balela, não tem missão, absolutamente. Ninguém tem missão assim. Missão é algo que eu coloco para mim e não que me obrigam a fazer, isso é militarismo, vai para a guerra e mata o inimigo. Essa é sua missão. Mas não se trata disso no âmbito espiritual.

Pai Alexandre Cumino

Deus não tem um plano para você?

Pai Rodrigo Queiroz

Não, não tem. Nem cremos em destino. E então, é um movimento pessoal egoico, mas legítimo. Estou lá porque tenho uma relação de amor, de devoção sagrada com esses espíritos, com os Orixás, com o templo e com as pessoas. Entendo quando você diz, então quando eu incorporo, incorpora o meu amor, é um ato de amor, e esse bem que eles fazem às pessoas, esse bem que eles trazem às pessoas, essa transformação que eles fazem nas pessoas, é possível que esteja acontecendo isso, pois elas viram seguidoras do processo. De alguma forma estão sendo tocadas, recebendo a graça por isso e a caridade efetiva é por parte deles. Eu só estou gozando do prazer de estar lá. É honesto isso.

Ser solidário não é ser caridoso

É possível que exista, e existe de fato, a generosidade absoluta. Passo em uma praça e vejo um indivíduo ali em um dia de frio, descoberto, ele não me pede nada, eu tenho um cobertor no carro, vou lá e entrego a ele, voluntariamente. Não houve um pedido do outro, eu vi e me incomodou aquela situação, e sinto em mim a vontade de amenizar aquele frio naquele momento. A ação é honesta. Vou para meu carro, entrego o cobertor para ele, não vou mudar sua realidade por isso, não faço caridade a ele, mas de alguma maneira amenizou o impacto que aquela imagem me causou, de ver alguém sofrendo, e eu tendo um cobertor podendo amenizar aquela noite. É só solidariedade.

Pai Alexandre Cumino – 006

Eu moro em São Paulo, então existe uma realidade que eu possa observar naquela metrópole com relação a isso. Por exemplo, muitas pessoas ficam embaixo da ponte só porque elas sabem que muita gente vai até lá levar roupa, comida e brinquedos.

Essas pessoas não moram embaixo da ponte, elas não moram ali, mas elas dominam aquela ponte como um ponto. Sabe, compro o ponto? Vendo o ponto, passo o ponto? Aquele ponto é delas e elas ficam ali, mas não moram ali.

Eu morei bem perto de uma ponte onde isso ficou muito claro para mim. Você tem a ponte da Washington Luiz, ao lado do aeroporto de Congonhas, ali isso é muito claro. Percebe-se que aquelas pessoas não moram ali, elas vinham até a ponte como quem vai trabalhar, "batem o ponto". É como aquelas pessoas que pedem dinheiro na rua, mas não são moradoras de rua. Eu morei algum tempo ali no Jardins, na esquina da Pamplona com a Alameda Itu. Então atravessávamos muito a Avenida Paulista, na Alameda Campinas. Entre a Alameda Campinas e a Pamplona com a Paulista havia um senhor que pedia esmola na rua. Durante muitos anos, isso era como um ofício, porque ele morava no mesmo prédio que uma amiga da minha mãe.

Então de manhã ele vestia sua pior roupa, mais rasgada, mais maltrapilha e ia pedir dinheiro na rua, como se fosse morador de rua. No final do dia ele tirava aquela roupa. Da mesma forma que é comum em São Paulo alugar crianças, as pessoas alugam crianças. Alugar crianças é você pagar para uma mãe deixar o filho ou filha dela com você para pedir dinheiro no farol com uma criança no colo. É comum isso em São Paulo, alugar crianças.

Você tem no *Corcunda de Notredame*[21] aquela passagem do pátio dos milagres, aquele monte de mendicantes, que usam muleta, que têm a perna quebrada, o braço torto, mas não é nada daquilo, e quando eles voltam para casa, no pátio dos milagres, o aleijado anda, o cego enxerga, tudo porque nenhum deles tem aqueles problemas criados para fingir, para que o outro faça a "caridade" de dar esmola, mas que também não é uma caridade. **E se fazem isso é porque sabem que não é uma CARIDADE REAL e sim a "caridade" como desencargo de consciência; se fosse Caridade, Amor, Ágape, Ahava então a pessoa se interessaria em cuidar, mas não é o que acontece.** Por isso não há conciência pesada em "enganar" o caridoso, pois está enganando si mesmo antes.

Nessa realidade de São Paulo que eu observo, há locais onde a quantidade de pessoas que vão para fazer essa "caridade" é muito grande. A quantidade de centros espíritas, a quantidade de pequenas sociedades que vão ao centro da cidade levar cobertor e sopa é muito grande.

Na Praça da Sé, localizada no centro de São Paulo, à noite, já vi o morador de rua colocar um cartaz escrito: "Por favor, não me acorde, eu já comi e não estou com frio!". Ele está deixando um aviso para um serviço social frio e destituído de sentimento ou cuidado, caso

---

21. Livro e filme de Victor Hugo.

contrário seria uma alegria receber a visita do amor, do cuidado e da caridade. Eu também já fui muito às ruas levar cobertor, roupa e comida, logo que entrei na Umbanda, e fazia questão de dizer que aquela caridade estava sendo feita em nome da Umbanda. Eu mesmo queria me convencer de que a Umbanda me fez caridoso e convencer os outros de que a Umbanda é boa e caridosa, esse era o objetivo[22]. Ainda assim, é claro que é um ato moralmente bom levar algo a alguém que parece precisar, no entanto, a motivação errada e infantil é que é o problema, problema da ilusão, fanatismo e falsa imagem de si mesmo.

Porque a pessoa chega ali para fazer a caridade dela e quer dar sopa e o cobertor e vai acordar a pessoa. Acorda para você ver quem é que está lhe ajudando, acorda para você ver quem está lhe dando. Então essa é a relação. O caridoso sou eu, e preste bem atenção, hein, estou lhe dando sopa, estou lhe dando um cobertor. Olhe aqui, leia o nome de meu terreiro, leia aqui o nome de minha igreja, leia o nome de meu grupo assistencial, grave bem.

Gravou, gravou o nome de quem está lhe dando, fazendo a caridade? Está vendo, estamos todos uniformizados, o nome de meu grupo assistencial, grave bem. Por que você coloca uniforme para fazer caridade? Para dizer

---

22. Diga-se de passagem, eu vim do Espiritismo para a Umbanda com esta neurose da "caridade", caridade pequena, mesquinha e egoísta.

que sua obra de caridade é a melhor, que você é o caridoso e qual é a instituição que está ali.

Por isso eu volto para essa realidade da Umbanda, quando diz: o Caboclo Pena Branca, o Caboclo Rompe-Mato, o Caboclo Tupinambá quem são? Eles são anônimos. Isso é caridade! Quando você é anônimo! Se alguém recebe ajuda, eles não dizem para fazer propaganda de que a Umbanda é que o ajudou, apenas dizem: "agradeça a Deus" ou, como dizia Jesus, "sua fé o curou". É caridade aquilo que você faz quando ninguém está vendo, quando é autêntico e verdadeiro.

Viver a caridade é sofrer?

Não existe experiência religiosa mais forte do que o transe. O transe é uma doideira, ou, como diria Paulo em Coríntios, uma Loucura Sagrada, a sabedoria do sagrado que é loucura para o profano, assim como a sabedoria profana é loucura diante do sagrado. Agora, quando nasce o discurso de que estou aqui para fazer a caridade, isso é a vaidade.

O Ego está presente quando eu digo: estou aqui porque eu sou caridoso. E quando há sacrifício a caridade é maior. Eu não tenho dinheiro para comer, mas peguei o pouco dinheiro que tinha e comprei essa defumação para vocês. Então, minha caridade é exaltada com minha desgraça, quanto mais desgraçado mais caridoso eu sou.

Quanto mais minha casa estiver em pedaços, destruída, mais eu exalto o quanto sou humilde.

Pai Rodrigo Queiroz

Essa é a referência. É como dizer: "– Nossa, Rodrigo, o seu terreiro é muito bonito, tudo no lugar, muito limpo, muito amplo, muito arejado e tudo o mais. Mas terreiro bom mesmo é da 'tiazinha' da esquina, lá do bairro muito distante". Como se fosse mais digna por se colocar nessa condição, e eu menos por fazer questão de ter melhor condição.

Pai Alexandre Cumino

Ela é a mais caridosa porque não tem dinheiro para pagar as contas, não tem papel no banheiro dela e ela está ali, olha como ela é muito mais caridosa do que você, então isso é perverso. Porque para você ser caridosa de fato precisa cair em desgraça, precisa ser um desgraçado. E assim voltamos às duas historinhas das pessoas que chegam ao céu e são avaliadas pelo autossacrifício, sofrimento e privações. Então as pessoas se colocam nessa situação de propósito, o que, mesmo para essa teoria, também lhe tira o mérito de seu sofrimento. Por causa semelhante católicos se autoimpingiam penitências, mortificação, autoflagelação. Fazer sofrer a si mesmo para ganhar algum mérito diante de Deus, como se humilhar, por exemplo, o que também é muito diferente de ser humilde.

Pai Rodrigo Queiroz – 006

Então, chegamos ao ponto de que, onde não há ação de amor desinteressado, quando se trata do outro, o que há ali é perverso. Perversidade no sentido literal da palavra, distorção. Então é simples, há muitas formas de caridade? Não, só há uma forma de caridade, a verdadeira. Quando ela não existe, o que há é perversão. Mas não se sinta mal. O leitor não pode se sentir mal por se descobrir um perverso, um pervertido.

Ele está no estado comum. Difícil é não ser pervertido nesse quesito. Porque você, leitor, é fruto de um processo construído, então não deve se sentir mal. Você deve ficar agora, esperamos talvez que fique, extremamente irritado, diferente. É para que você fique inconformado e que na inconformidade comece a mudar sua relação consigo mesmo e com suas ações, em se tratando disso. Então, você é um pervertido da caridade, continuará sendo ou tomará ciência e lucidez de que é isso que está refletindo aqui nesta obra, neste livro?

Pai Alexandre Cumino

Quem é o pervertido e o perverso?

Pai Rodrigo Queiroz

Ele é o perverso quando é o criador da distorção e pervertido quando age distorcidamente, porque é assim que a coisa chega para ele. Então, ele é só um agente ou ele é o criador? Ele é só consequência ou ele é fonte?

Se o leitor é um líder de um templo religioso, de um centro espírita, de uma empresa, de um centro assistencialista, se quem nos lê é um líder, e ele alimentar esse fluxo, então ele é o perversor. Quem é pervertido são os que estão abaixo dele, seguindo-o, reproduzindo o que ele está estimulando.

Pai Alexandre Cumino

Aqui existe uma coisa muito importante: a responsabilidade pela palavra. Nós podemos chocar, podemos incomodar, como Pai Rodrigo bem disse, **uma única coisa é muito certa aqui, nós temos a noção total da responsabilidade pela palavra**. Há uma responsabilidade nessa palavra. A responsabilidade do despertador, de fazer acordar, assim como a responsabilidade daquele que faz dormir, iludir, sonhar, se perder, com a pretensa ideia de ser melhor do que os outros, fazendo algo por obrigação. Qual o peso de sua palavra? Qual o conteúdo de sua palavra? Qual sua responsabilidade diante de uma comunidade, se você é líder? Você é líder do que, missionário? Você é líder do que, dirigente? Você é líder do que, sacerdote? Você é líder do que, pai de santo? Padre, pastor, chefe? Se nem líder de si mesmo você não é, como se considera líder de outras pessoas? Só porque te seguem?. Porque há quem se entenda como tal, líder, e não consegue controlar nem o que come, quanto mais o que vai em sua mente e em seu coração.

O que é a liderança senão um desdobramento natural também de um amor, de uma consciência? Aliás, liderar de certa forma também é servir como fruto de um amor. O líder aqui é o X da questão, quando se diz: qual é sua caridade? O que você leva para o outro e o que você reproduz? O que é caridade em sua comunidade?

Ter seguidores não implica ser "líder", o que é um outro estudo[23].

---

[23]. Sobre esta questão na Umbanda, recomendo meu livro *Sacerdote de Umbanda*, Madras Editora.

Pai Rodrigo Queiroz

Eu quero dizer, porque estamos chegando ao final, que, embora tenhamos ficado nessa atmosfera do religioso, das considerações religiosas, e se pensarmos em um mundo melhor, nessa sociedade democrática em que vivemos, precisamos entender que para uma sociedade boa, aquele que busca ser um agente, eleito, público, somente será bom se a motivação dele for a caridade.

Ele pode ter salário e tudo, mas você somente terá uma sociedade civilizada politicamente, justa e positiva, construtiva, que faz um país, uma cidade melhor, quando a maioria que estiver lá for de indivíduos motivados pela caridade no sentido original da palavra.

Isso em se tratando de sociedade, porque a religião hoje na sociedade é o escopo, perdão, ela está aqui para resolver problemas gerados pela gestão pública, de abandono, de gerência e tudo mais. Então, assim, o que quero concluir? Fala-se e discute-se política, sociedade, partido, mas nós teremos uma sociedade justa quando a maioria for de indivíduos preparados e conscientes para buscar e ação da caridade.

O que é isso? Se caridade é transformar a vida, é transformar o outro, então é a realidade. As ações políticas visando a isso efetivamente construirão uma sociedade melhor, um país melhor, um estado e uma cidade melhores.

Vendo as notícias de nosso quadro político, então percebemos que isso está longe de acontecer. Mas é isso, aquele agente que entrar lá, a promessa é essa no período eleitoral, vou lá para transformar a realidade, tudo balela, nós sabemos. Mas, quando isso for honesto, quando o indivíduo entrar lá no poder e ser motivado a realizar a caridade, as ações dele estiverem motivadas a transformar a realidade, transformar a vida das pessoas, então acontecerá.

Quando não for outro o interesse, o interesse não for ganhar dinheiro. Porque pode ter partido, mas eles devem se pautar na caridade, que não é dar nada para ninguém, a caridade não é dar nada para ninguém, a caridade são ações afirmativas em que são criadas condições de o outro se transformar. Você possibilita o processo transformador. Não é dar nada para ninguém.

Caridade no terreiro não é ficar dando nada para ninguém, a entidade acorda o indivíduo e aí ele é tocado, ele se transforma e pronto, acontece a graça na vida dele.

A caridade pública, sociológica, a caridade na realidade em que vivemos seria isso. É muito difícil que um cidadão comum individualmente faça de fato impacto social de caridade efetiva. Porque esse é o papel do Estado, e quem tem poder para isso é o Estado. Ele pode fazer isso, apenas não tem interesse. Agora é para o leitor entender que ele pode engrossar esse assunto e refletir, porque você, leitor, religioso ou não, é também antes de tudo um cidadão. Mas se ficar fechado, você é religioso, contudo, se fica preocupado na caridade de seu ambiente religioso, e quando sai de lá passa por cima de tudo, desculpe, você está longe da caridade, de fato. Você precisa entender seu papel no mundo, na sociedade, em seu estado, seu país. Então, a religião está colhendo um drama que é provocado de forma generalizada pelo Estado.

O que vemos, por exemplo, nós dois como sacerdotes, o que mais vemos no terreiro? Lamentações. Em primeiro lugar, dado o contexto social em que vivemos hoje, é a lamentação de falta de emprego, a falta de dinheiro, e eu não posso ser leviano em dizer que o indivíduo está sem emprego porque ele não busca trabalho. Há quem diga que é porque ele não corre atrás, porque não é criativo, porque não se preparou para isso, ou porque não tem fé, não fez a Mironga correta.

Hoje são 12 milhões de desempregados, onde eles estão embarcando para se lamentar? Nas religiões, todas as religiões. Doze milhões de desempregados em um país como o nosso incha o ambiente religioso com essa lamentação. E como a religião resolve isso? Não resolve, porque o emprego é necessário para eles terem dignidade. Isso é transformador. Um exemplo bem simplório. Colocamos aqui essas nossas considerações, essa caridade do indivíduo no sentido literal, sentido ideal, mas ao pensar amplamente é importante saber onde estão as devidas limitações.

www.caridadeamorpervesao.com.br

Nota do Editor

A Madras Editora não participa, endossa ou tem qualquer autoridade ou responsabilidade no que diz respeito a transações particulares de negócio entre o autor e o público.

Quaisquer referências de internet contidas neste trabalho são as atuais, no momento de sua publicação, mas o editor não pode garantir que a localização específica será mantida.